Birgit Appelbaum

Gebärden in der Sprach- und Kommunikationsförderung

Birgit Appelbaum

ist Diplom-Musikerin und Akademische Sprachtherapeutin. Sie arbeitet seit vielen Jahren im Zentrum für Sprachtherapie und im Zentrum für Unterstützte Kommunikation, beides Moers.

Ihre Arbeitsschwerpunkte sind: spezifische Diagnostik, Therapie und Beratung bei hörgeschädigten Kindern, Jugendlichen und Erwachsenen sowie im Bereich der Unterstützten Kommunikation (UK) die Diagnostik, Therapie und Beratung bei nicht sprechenden/sinnesbeeinträchtigten Menschen.

Birgit Appelbaum ist Lehrbeauftragte an der Universität zu Köln sowie an der Hogeschool van Arnhem en Nijmegen (NL). Sie verfügt über diverse Zusatzqualifikationen: u. a. DGS-kompetent (Deutsche Gebärdensprache), PROMPT, UK -Coach.

Birgit Appelbaum

Gebärden in der Sprach- und Kommunikationsförderung

Schulz-Kirchner Verlag

Bibliografische Information der Deutschen Nationalbibliothek
Die Deutsche Nationalbibliothek verzeichnet diese Publikation in der Deutschen Nationalbibliografie; detaillierte bibliografische Daten sind im Internet über http://dnb.d-nb.de abrufbar.

Besuchen Sie uns im Internet: www.schulz-kirchner.de

1. Auflage 2016
ISBN: 978-3-8248-1168-7
eISBN: 978-3-8248-9981-4

Mollweg 2, D-65510 Idstein
Vertretungsberechtigte Geschäftsführer:
Dr. Ullrich Schulz-Kirchner, Nicole Haberkamm
Titelfoto: © Pathathai Chungyam · fotolia.com
Foto der Autorin: © Fotostudio Barth GmbH
Fachlektorat: Dr. Christiane Lücking
Lektorat: Doris Zimmermann
Umschlagentwurf und Layout: Petra Jeck
Druck und Bindung:
TZ-Verlag & Print GmbH, Bruchwiesenweg 19, 64380 Roßdorf
Printed in Germany

Inhaltsverzeichnis

Hinweise:

- Um den Textfluss nicht zu stören, wurde grundsätzlich bei Personengruppen sowie Berufsbezeichnungen die grammatisch maskuline Form gewählt. Selbstverständlich sind in diesen Fällen Frauen und Männer gemeint.
- Alle Begriffe in GROSSBUCHSTABEN bedeuten, dass diese Begriffe gebärdet werden.
- Für Copyright in Bezug auf das verwendete Bildmaterial siehe Abbildungslegenden.
- Alle nicht besonders gekennzeichneten Grafiken, Abbildungen und Fotos stammen von der Autorin, © Birgit Appelbaum.
- Alle Abbildungen mit Bildsymbolen wurden mit freundlicher Genehmigung entnommen aus Annette Kitzinger: METACOM 7 (2015), © Annette Kitzinger, www.metacom-symbole.de

Life is not measured by the numbers of breaths we take,
but by the number of moments that take our breath away.
(author unknown)

gewidmet meinem Mann
Detlef
† 2. Dezember 2013

Einleitung

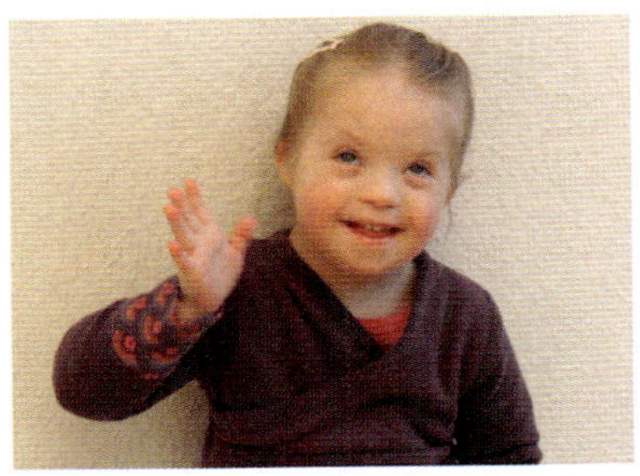

Abb. 1: Hallo (winken)

Das Thema „Gebärden" gewinnt in den letzten Jahren (nicht nur) in der Unterstützten Kommunikation (UK) immer mehr an Bedeutung. Das hat verschiedene Gründe:
Zum einen werden körpereigene Kommunikationsformen (und damit u. a. Gebärden) als eine von drei Säulen (körpereigene, elektronische und nicht-elektronische Kommunikationsformen) angegeben, aus denen im Bereich der Unterstützten Kommunikation Möglichkeiten für Menschen ohne ausreichende Lautsprache zusammengestellt werden können, um möglichst optimale, individuelle Kommunikationsbedingungen zu schaffen. Zum anderen etabliert sich das Thema „Gebärden" in Deutschland auch deshalb, weil nach Möglichkeiten gesucht wird, die durch die Anerkennung der Deutschen Gebärdensprache als eigenständige Sprache, durch die Verpflichtung zur Umsetzung der UN-Konventionen (Stichwort: Barrierefreiheit) und durch die Inklusion entstandenen gesetzlichen Vorgaben nun auch umzusetzen. Und das gilt dann nicht nur für hörgeschädigte/gehörlose Mitglieder in unserer Gesellschaft.

Ein weiterer Grund sind verschiedene Studien zur vorsprachlichen Entwicklung von Kindern, die belegen, dass Gesten/Gebärden eine wesentliche, und zwar positive Rolle im Spracherwerb übernehmen können. Es ist nachgewiesen, dass Kinder erste Gesten/Gebärden ab dem 9. bis 12. Lebensmonat nutzen und damit kommunizieren können. Das ist oft lange bevor erste Wörter gesprochen werden. Dieses gilt insbesondere für Kinder, die aufgrund von zusätzlichen Handicaps nicht oder nicht schnell genug expressive Lautsprache entwickeln. Damit sich z. B. Verzögerungen in der Lautsprachentwicklung und dem Lautspracherwerb nicht negativ auf die kognitive Entwicklung auswirken, bietet die Nutzung von Gebärden die Möglichkeit, neben dem kommunikativen Aspekt auch ein System von Symbolen aufzubauen, welches dann zu einem späteren Zeitpunkt durch die Lautsprache abgelöst werden kann. Ein Ziel ist demnach, rechtzeitig Symbolstrukturen zu erwerben und frühe Dialoge zu vertiefen, um Entwicklungsverzögerungen zu vermeiden. Gebärden fungieren damit u. a. als Vorläufer der Lautsprachentwicklung und dienen als „Brücke" in die Lautsprache.

Folgende Fähigkeiten können durch Gebärden unterstützt werden:
- Wahrnehmungs- und Informationsverarbeitung
- Denk- und Lernentwicklung
- Räumliches Vorstellungsvermögen
- Koordination der motorischen Möglichkeiten und deren Optimierung
- Kommunikation durch Blickkontakt und gerichtete Aufmerksamkeit
- Sprache und Spracherwerb
- Soziale Fähigkeiten

Bei Menschen mit Handicaps, die unter erschwerten, speziellen Interaktions- sowie Kommunikationsbedingungen leben und lernen, ist eine individuelle Förderung mit Gebärden sinnvoll.

In Deutschland ist die Sprach- und Kommunikationsentwicklung mit Gebärden durch sehr unterschiedliche Sichtweisen und Kenntnisse gekennzeichnet. Dazu zählt u. a. die nicht immer eindeutige Differenzierung zwischen Gebärdensystemen und Gebärdensammlungen, die unterschiedliche Realisierung der Gebärden in verschiedenen Regionen (Dialekte) oder Vorurteile, wie z. B. „Gebärden be- bzw. verhindern die Lautsprachentwicklung". Aber auch eine zu geringe Beteiligung des Umfeldes beim Einsatz von Gebärden sowie die Tatsache, dass Gebärdenkenntnisse i. d. R. erst nach der Berufsausbildung oder nach dem Studium vermittelt bzw. (oft mühsam) erlernt werden, haben zur Folge, dass die möglichen Ressourcen zur Förderung der uns anvertrauten Personen spät oder gar nicht genutzt werden.

Dieses Buch beleuchtet daher die unterschiedlichen Aspekte zum Einsatz von Gebärden zur Sprach- und Kommunikationsförderung und soll Hilfen, Anregungen und Wege aufzeigen, sich mit einem jungen Themengebiet in Deutschland ausführlicher auseinanderzusetzen. Ziel ist, einen in Deutschland selbstverständlicheren Umgang mit Gebärden zu unterstützen, d. h., mit den Händen in den Dialog zu treten, um damit vielen Menschen nicht nur das Tor zur (Laut-) Sprache und zur Kommunikation zu öffnen, sondern ihnen auch eine adäquate Teilhabe in unserer Gesellschaft zu ermöglichen.

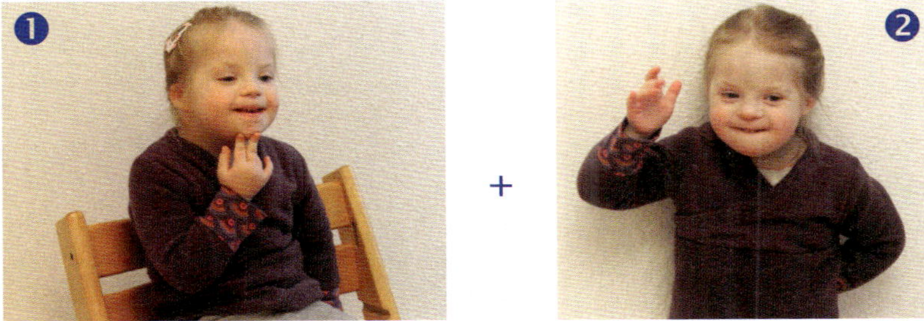

Abb. 2: ❶ Danke (Bewegung vom Kinn nach vorne)
❷ Tschüss (winken)

Birgit Appelbaum
birgit.appelbaum@cityweb.de

Folgenden Personen bin ich aufgrund vielfältiger Unterstützung in ganz unterschiedlicher Art und Weise besonders dankbar:

- Klaus Bartschat
- Peter Eichenauer / Martin Gülden (Leiter der Weiterbildung UK-Coach) sowie allen Teilnehmern des Kurses 2014-2016
- Dr. Barbara Giel
- Uta Hellrung
- Prof. Dr. Volker Maihack
- Sabine Martini mit Sophia
- Ellen Pasmanns
- Dennis Schouten
- Heike Tetzlaff
- Bärbel Weid-Goldschmidt
- Julian Zunklei
- den Teilnehmern diverser Gebärdenkurse sowie allen Eltern und Kindern, die durch ihr Vertrauen und ihre Offenheit in vielfältiger Weise meine Arbeit bereichern und zum Teil erst möglich machen.

Mein Dank gilt darüber hinaus auch dem Schulz-Kirchner Verlag, insbesondere der professionellen Betreuung von Dr. Christiane Lücking, Doris Zimmermann und Petra Jeck.

Kommunikation und Sprache

1.1 Grundlagen der frühen Kommunikations- und Sprachentwicklung

Wie entwickeln sich Kommunikation und Sprache? Zu diesem Thema gibt es viele, sich immer wieder wandelnde Thesen und Erklärungsansätze. Dabei werden die Bedeutung von angeborenen Anlagen des Kindes und die Faktoren im Umfeld des Kindes z. T. sehr unterschiedlich eingeschätzt. Darüber hinaus ist die Frage „nach der Spezifität der Entwicklung sprachlicher Kompetenzen im Vergleich zu anderen Entwicklungsbereichen" (Lüke 2015, 19) zu klären. Einigkeit besteht immerhin darin, dass weder die Anlagen des Kindes noch die Umweltfaktoren allein für die Entwicklung des Sprachsystems verantwortlich sind (Kauschke 2012; Ritterfeld 2007, zit. n. Lüke, ebd.). Besonders die Gedanken von Tomasello (2012, 2011) kommen zum Tragen, der meint, dass das Kind nur deshalb komplexe linguistische Kompetenzen erwirbt, weil es einerseits angeborene Voraussetzungen mitbringt und andererseits von außen einen wichtigen sprachlichen Input erhält. Dieser ermöglicht es, das individuelle Sprachsystem aufzubauen und auszugestalten.

Nonn (2014, 25) beschreibt vor diesem Hintergrund den Spracherwerb mit dem Bild eines Zuges, der sich aus verschiedenen Wagen zusammensetzt:

1. Die Lokomotive zieht alle Wagen eines Zuges (= Spracherwerb), d. h., allem voran stehen die Pragmatik (= sprachliches Handeln) und die Kommunikation (= Austausch), der Gebrauch von Sprache.
2. Zwischen Lok und Wagen befindet sich der Kohlewagen, d. h. das Prinzip der Kooperation mit anderen Menschen (= Wir-Intentionalität, hohe intrinsische Motivation).
3. Ein Wagen heißt Aussprache, d. h., es entwickeln sich Phonetik (= Artikulation und Akustik der Lautsprache) und die Phonologie (= Lautlehre).
4. Ein nächster Wagen heißt Wortschatz, d. h., es geht um Semantik (= sprachliche Bedeutungen) und Lexikon (= Wortinventar einer Sprache).
5. Der dritte Wagen heißt Grammatik, d. h., es geht um Morphologie (= Wortbau- und Wortformenlehre) sowie um Syntax (= Satzbaulehre).

Das bedeutet einerseits, dass Pragmatik und Kommunikation die Bedingungen für den Einstieg in die (Laut-)Sprache schaffen und andererseits, dass das Kind lange bevor es erste Wörter produziert, wichtige kommunikative Kompetenzen und Strukturen erwirbt, übt und nutzt. Es ist sogar davon auszugehen, dass „die Kommunikationsentwicklung eines Kindes ... bereits in einem Alter von 9 - 12 Monaten das Niveau eines Erwachsenen [erreicht, Anm. der Verfasserin], weil das Kind das entscheidende Kriterium für die menschliche Kommunikationsfähigkeit, die kooperative Infrastruktur geteilter Intentionalität, erworben hat" (ebd., 37).

Neben dem kommunikativen Aspekt hat Sprache eine weitere wesentliche Funktion: „Sprache ist ein Symbolsystem. Symbole stehen stellvertretend für Gegenstände und Handlungen, sie repräsentieren die Wirklichkeit. Wenn ein sprachliches System nicht rechtzeitig aufgebaut wird, ist es möglich, dass weitere Entwicklungsverzögerungen entstehen" (Szagun 2012, 85).

„Der Aufbau eines funktionsfähigen Symbolsystems ist unabhängig davon, ob dieses lautlich oder gebärdet ist" (ebd., 87f). Er sollte so früh wie möglich erfolgen, denn: „Gebärdete sprachliche Systeme bauen – genau wie die Lautsprache – ein abstraktes Symbolsystem auf ... Die Modalität – ob lautlich oder visuell – ist dabei unwesentlich" (ebd., 87).

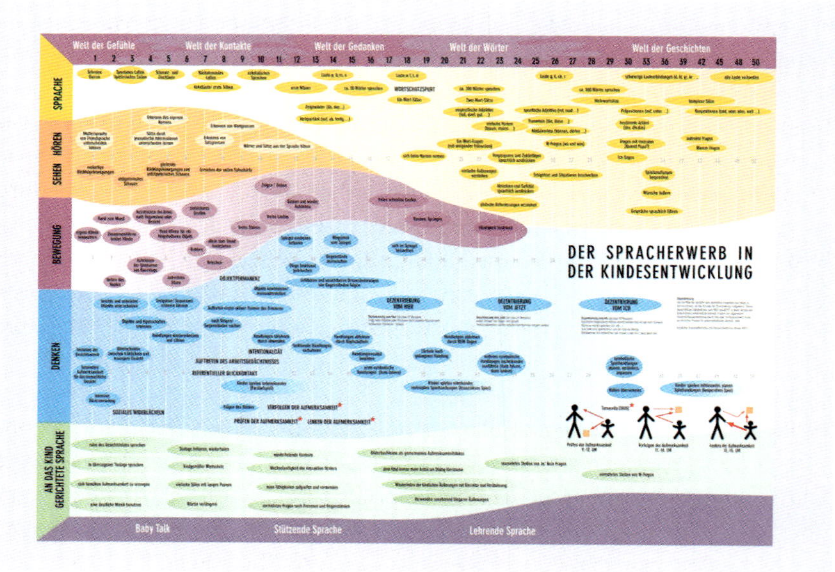

Abb. 3: Müller, A. & Gülden, M. (2012) – Der Spracherwerb im Kindesalter. Dortmund: Borgmann – verkleinerter Abdruck – mit freundlicher Genehmigung des Verlags

1.2 Berührungspunkte zwischen Gesten-, Gebärden- und Sprachentwicklung

Um im Zusammenhang mit nicht oder kaum sprechenden Personen effektiv und verantwortungsbewusst Gesten und Gebärden einsetzen zu können, ist es unbedingt erforderlich, eindeutige Begrifflichkeiten zu nutzen.

Was sind Gesten?
Gesten sind präverbale bzw. paraverbale Komponenten zur Lautsprache. Sie gehören untrennbar und elementar zu Interaktionsprozessen und sind ein wichtiger Bestandteil der Sprachentwicklung. Ihre aktive Verwendung wird als Erreichen eines Meilensteins in der kindlichen Sprachentwicklung angesehen, d. h., sie gelten als Basis für die weitere (laut-)sprachliche Kommunikation (vgl. Vogt 2007).

Deiktische/referentielle Gesten verweisen auf einen in der Situation real vorhandenen Referenten (= Gegenstand, Inhalt), d. h., sie sind kontextgebunden. Damit ist es dem Kind möglich, die Aufmerksamkeit der Bezugsperson zu erhalten, zu lenken oder zu steuern (Triangulierung) und eine Situation geteilter Aufmerksamkeit zu schaffen. Das Kind ist dabei ein aktiver Kommunikationspartner, der auch verstanden wird. Das gilt besonders für die Zeigegeste.

Beispiel 1: Das Kind zeigt auf die Puppe, sagt /da/ und fordert damit eine Person auf, ihr die Puppe zu geben.

Beispiel 2: Das Kind zeigt auf ein Flugzeug, sagt /da/ und informiert dadurch die Bezugsperson über die Anwesenheit des Flugzeuges.

Beispiel 3: Das Kind zeigt beim gemeinsamen Spiel auf die Seifenblasen, die in der Luft fliegen, sagt /da/ und bringt dadurch seine Begeisterung für diese gemeinsame Aktivität mit der Bezugsperson zum Ausdruck.

Nicht-deiktische/symbolische Gesten werden bereits ab dem 12. Lebensmonat genutzt und entsprechen ersten Wörtern in der Lautsprachentwicklung. Sie repräsentieren den Referenten (= Gegenstand, Inhalt), der in der Situation nicht real vorhanden sein muss. Damit sind nicht-deiktische/symbolische Gesten abstrakt und kontext**UN**gebunden oder auch kontext**UN**abhängig.

Beispiele:

- Winken zur Begrüßung oder zur Verabschiedung, Kopfschütteln oder Kopfnicken als Ausdruck von Zustimmung bzw. Ablehnung, Schulterzucken für „keine Ahnung“
- das Nachahmen der Bewegung für Haare waschen.

Was sind Gebärden?

Gebärden können von gehörlosen/hörgeschädigten/hörenden Personen im Rahmen der Deutschen Gebärdensprache (DGS) eingesetzt werden. Sie ist eine vollwertige und eigenständige Sprache und tritt unabhängig von einer Lautsprache auf. Sie und die damit verbundene Gehörlosenkultur werden von gehörlosen Menschen (in einem gehörlosen Umfeld) auf natürlichem Wege erworben. Als eigenständiges Sprachsystem besitzt die Deutsche Gebärdensprache ihre eigenen phonologischen, morphologisch-syntaktischen sowie semantischen (= sprachlichen) Regeln, die in ihrer Form und Ausführungsweise festgelegt sind.

Die Komponenten der Deutschen Gebärdensprache sind:

- Manuelle Komponenten
- Nonmanuelle Komponenten
- Orale Komponenten
- Gebärdensprachlich-grammatische Komponenten

Manuelle Komponenten

Man gebärdet grundsätzlich mit der dominanten Hand. Allerdings gibt es nicht nur Einhandgebärden, sondern auch sogenannte Zweihandgebärden, d. h., man nutzt entweder eine (= die dominante Hand) oder eben beide Hände.
Weiterhin werden die manuellen Komponenten in vier Kategorien/Parameter unterteilt:

- Handform

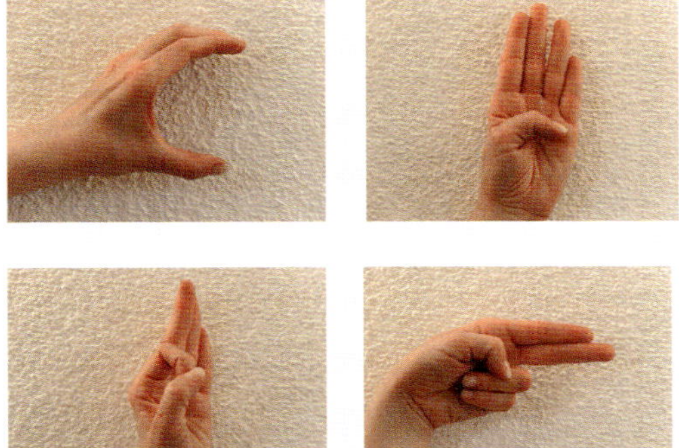

Abb. 4, 1–4: Beispiele für unterschiedliche Handformen

- Handstellung/Handorientierung

Abb. 5, 1–2: Beispiele für unterschiedliche Handstellung/Handorientierung

- Ausführungsstelle

Abb. 6, 1–2: Beispiel für unterschiedliche Ausführungsstelle
❶ Fingeralphabet „D"
❷ Polizei

- Bewegung

Die Hände können sehr unterschiedliche Arten von Bewegungen ausführen und sind u. a. mit Fingergelenkbewegungen kombinierbar (vgl. Becker 2016, 209f).

Nonmanuelle Komponenten

Sogenannte nonmanuelle Komponenten haben zunächst nichts mit den Händen zu tun, können aber als Sprachmittel eingesetzt werden. Ihre vier Elemente übernehmen eine wichtige Rolle, denn allein über sie kann der Sinn einer Gebärde oder eines Satzes verändert werden. Nonmanuelle Komponenten sind einfach zu realisieren, leicht zu verstehen und können – wenn möglich – über „vor- und nachmachen" (= das gute Vorbild) auf einer sehr frühen Entwicklungsstufe verstanden bzw. nachgeahmt werden. Wichtig ist die Kongruenz (= die Übereinstimmung) zwischen der Körpersprache und den (lautsprachlichen) Inhalten.
Die nonmanuellen Komponenten sind zwar fester Bestandteil der DGS, können aber durchaus auch unabhängig von ihr genutzt werden, z. B. im Rahmen von lautsprachunterstützenden Gebärden (LUG).

Nonmanuelle Komponenten bestehen aus vier zentralen Elementen (vgl. Papaspyrou u. a. 2008, 69ff; Appelbaum 2016a, 20ff):

- Mimik/Gesichtsausdruck

Als bedeutungstragendes Element kann die Mimik/der Gesichtsausdruck nicht nur wahrgenommen und erkannt, sondern auch bewusst und eindeutig eingesetzt werden und dabei eine sprachliche Funktion übernehmen.

Bedeutungstragende (eindeutige) Mimik

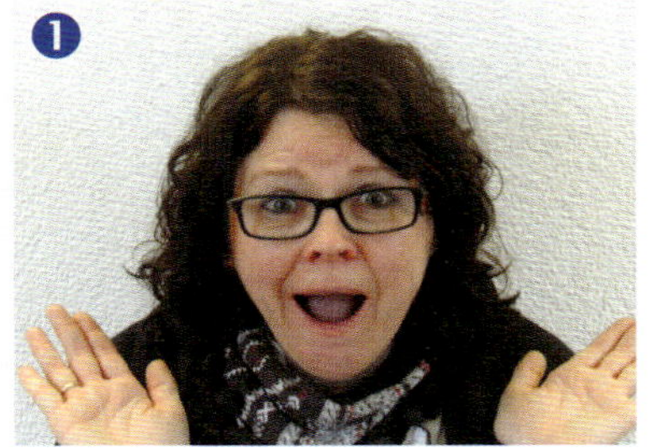

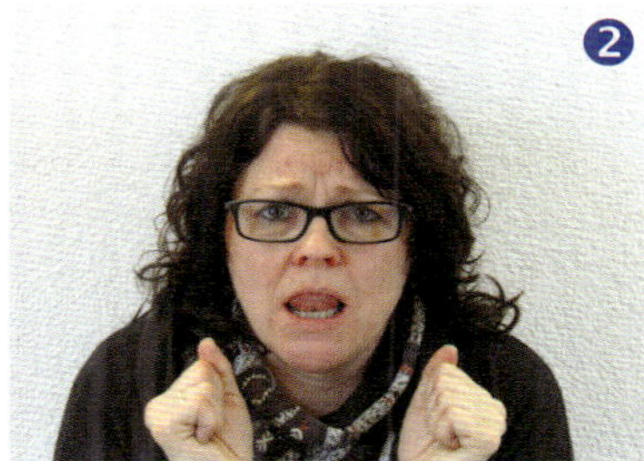

Abb. 7, 1–2: ❶ Beispiel für eindeutige Mimik: Freude/Überraschung
❷ Beispiel für eindeutige Mimik: kalt/frieren

Mimik zur Unterstützung von Satztypen

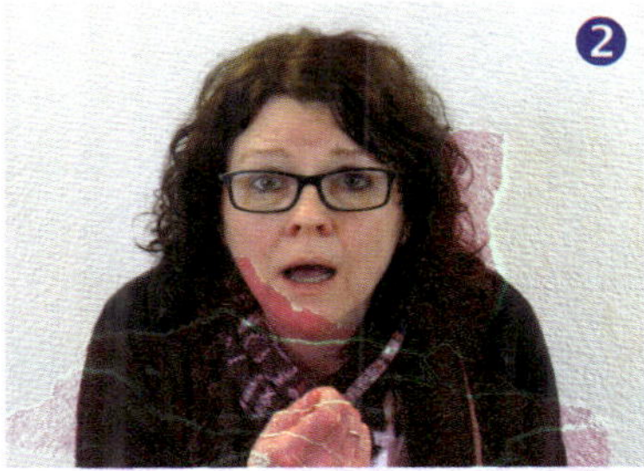

Abb. 8, 1–2: ❶ ESSEN-neutral (Hand mehrfach zum Mund führen)
❷ ESSEN-Frage (Hand mehrfach zum Mund führen)

Mimik zur Unterstützung der morphologisch-syntaktischen Ebene (mit adverbialer Funktion)

Abb. 9, 1–2: ❶ BÜGELN-motiviert (Bügelbewegung machen)
❷ BÜGELN-lustlos (Bügelbewegung machen)

Mimik zur Unterstützung der pragmatischen Ebene

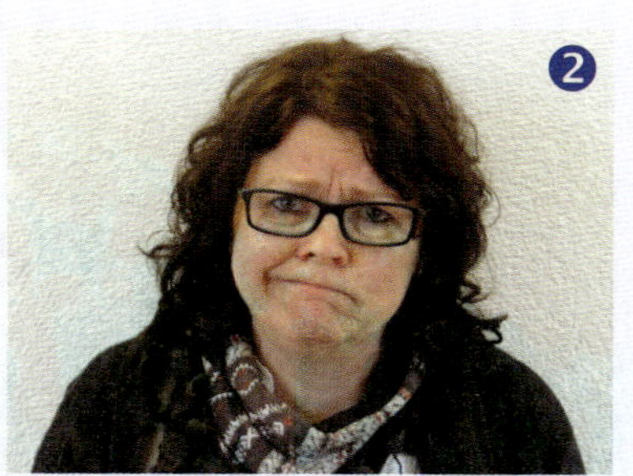

Abb. 10, 1–2: ❶ Mimische Zustimmung
❷ Mimische Unsicherheit

Es gilt, die Äußerung des Gesprächspartners zu kommentieren bzw. die eigene Einstellung zum Gesprächsinhalt auszudrücken. Andere Gliederungssignale wie Kopfnicken (s. u.) oder Pausen strukturieren das Gesagte ergänzend.

> **Merke**: Eine angemessene und eindeutige Mimik ist eine wichtige Voraussetzung für eine erfolgreiche Kommunikation.

- Bewegungen des Mundes/Mundgestik

Es handelt sich hierbei um eine genuin (= angeborene) gebärdensprachliche Ausdrucksform (vgl. Hennies 2012, 15), die parallel zu einem Gebärdenzeichen produziert wird. Die Mundgestik kann aus Mund-, Lippen-, Wangenbewegungen bestehen. Sie ergänzt damit eine Gebärde in Form von sinntragenden, notwendigen Zusatzinformationen und ist zudem unabhängig von der deutschen Lautsprache. Die Ergänzungen haben i. d. R. adjektivische und adverbiale Bedeutung, die die Gebärde allein nicht hat (z. B. GROSS, DICK, DÜNN, LANGSAM, SCHNELL ...).

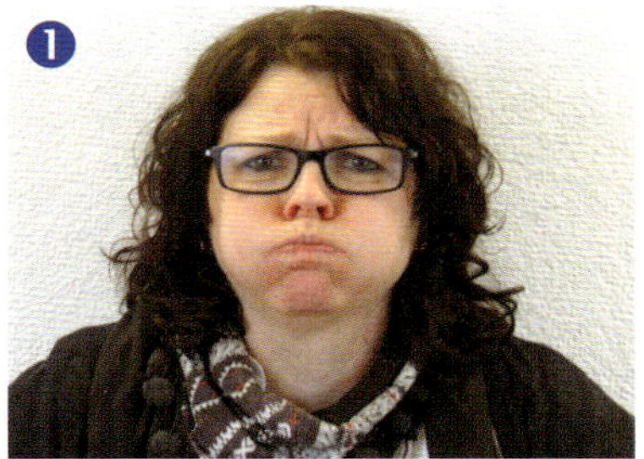

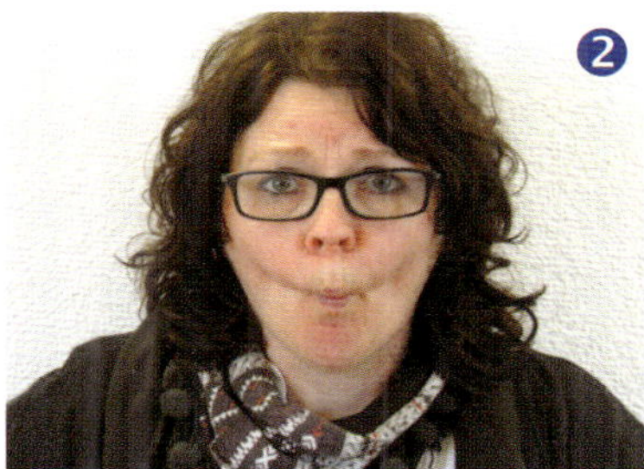

Abb. 11, 1–2: ❶ Mundgestik DICK-sehr (aufgeblasene Wangen)
❷ Mundgestik DÜNN-sehr (eingezogene Wangen)

- Blick/Blickrichtung

In Bezug auf den Blick/die Blickrichtung unterscheidet man den Blick zum Gesprächspartner, den Blick aus der Handlungsrolle und den Blick auf die gebärdende Hand (Fokus).

Besonders der Blick zum Gesprächspartner ist hier von Bedeutung. Dieser wird über den Blick zum einen angesprochen, zum anderen werden Feedback-Signale aufgenommen. Über den Blick kann man sich davon überzeugen und vergewissern, dass das Gespräch im Gange ist.

Der Blick ist nicht gebärdensprachspezifisch, sondern entspricht in den meisten Lautsprachen einem üblichen Kommunikationsverhalten. In der Arbeit mit der UK-Zielgruppe und im Zusammenhang mit Gebärden ist der Blick/die Blickrichtung aber von besonderer Wichtigkeit: Über das Aufnehmen, Halten oder Vermeiden von Blickkontakt erkennt man Zuwendung, Neugier, Aufmerksamkeit und Präsens, Interesse oder Desinteresse. Darüber hinaus ist der Blick/Blickkontakt auch ein wichtiges Indiz für die Einschätzung des Entwicklungsniveaus einer nicht sprechenden Person (Stichwort: Triangulierung).

- Kopf- und Oberkörperhaltung/-bewegungen

„Kopf- und Oberkörperhaltung sind zum großen Teil nichtsprachlich und gehören zum persönlichen Körperausdruck eines Menschen. Manchmal übernehmen sie aber auch gemeinsam mit Mimik und Blickrichtung eine sprachliche Funktion" (Papaspyrou u. a. 2008, 75ff). Ein vorgestreckter Kopf kann dabei Interesse, Neugier oder auch Erstaunen anzeigen. Ein zurückgezogener Kopf bedeutet dagegen Stutzen, Überraschung, Unsicherheit und Skepsis.

Abb. 12, 1–3:

❶ Überraschung (Hand berührt kurz den Oberkörper)

❷ Neugier (re Zeigefinger und Mittelfinger drehen sich kurz auf der Nase)

❸ Stutzen, negativ (re Zeigefinger kreist gegen den Uhrzeigersinn vor dem Auge)

❹ Kopfschütteln (ohne Bild)

❺ Kopfnicken (ohne Bild)

Merke: Nonmanuelle Komponenten können unabhängig von manuellen Zeichen eingesetzt werden.

Orale Komponenten (Mundbilder/Ablesewörter)

Die oralen Komponenten sind mit dem Mund geformte (in der DGS tonlose) Ablesewörter, die dem gebärdeten Wort entsprechen. Sie sind wichtig, da dieselbe Gebärde unterschiedliche Bedeutungen haben kann, die erst durch das Mundbild konkretisiert wird, d. h., Gebärden mit gleicher Ausführungsstelle, Handform, Handstellung und Bewegung können ausschließlich über das Mundbild in ihrer unterschiedlichen Bedeutung erfasst werden. Darüber hinaus stellt das Mundbild grundsätzlich eine wichtige und nicht wegzudenkende Orientierungshilfe dar und unterstützt somit auch die Sprachentwicklung.

Abb. 13, 1–3:

❶ BRUDER (re und li Zeigefinger werden 2x zueinander bewegt)

❷ SCHWESTER (re und li Zeigefinger werden 2x zueinander bewegt)

❸ GESCHWISTER (re und li Zeigefinger werden 2x zueinander bewegt)

Gebärdensprachlich-grammatische Komponenten

Aus dem Bereich der gebärdensprachlich-grammatischen Komponenten seien hier exemplarisch die sogenannten *Kongruenzverben* (= Richtungsverben) erwähnt. Sie werden räumlich flektiert, d. h., die Anfangsposition stimmt mit dem Subjekt und die Endposition mit dem Objekt überein.

Abb. 14, 1–2: HELFEN
❶ ich-HELFEN-du (= Ich helfe dir.) – Bewegung von mir zu dir
❷ du-HELFEN-ich (= Du hilfst mir.) – Bewegung von dir zu mir

Abb. 15, 1–2: BESCHEID SAGEN
❶ ich-BESCHEID-du (= Ich sage dir Bescheid.) – Bewegung 2x von mir zu dir
❷ du-BESCHEID-ich (= Du sagst mir Bescheid.) – Bewegung 2x von dir zu mir

Zeigebewegungen/räumliche Grammatik werden durch die sogenannte Indexgebärde (= mit dem Zeigefinger) dargestellt. Sie hat nachweislich in der Entwicklung der Lautsprache eine extrem wichtige Bedeutung.

Aspekte zum Spracherwerb/zur Sprachentwicklung

Beim ungestörten Spracherwerb werden deiktische (referentielle) sowie nicht-deiktische (symbolische) Gesten nur für kurze Zeit eingesetzt. Die Zeigegeste (= index finger point) fungiert als durchaus wichtige Vorläuferfähigkeit auf dem Weg in die Lautsprache. Danach werden die Gesten von den wesentlich flexibler zu gebrauchenden Wörtern/Begriffen der Lautsprache übernommen. Bei vielen Kindern mit einer geistigen Behinderung und/oder anderen Handicaps liegt der Sachverhalt aber anders: Gesten/Gebärden als vorsprachliche Symbole sind oft über einen langen Zeitraum ein ganz wesentliches, manchmal sogar das wichtigste Kommunikationsmittel. Nach Grimm (2003, 33) erfüllen die symbolischen Gesten/Gebärden eine Brückenfunktion beim Übergang von der vorsprachlichen zur sprachlichen Kommunikation: „Die symbolisch verwendete Geste steht für die Erreichung eines kognitiven Meilensteins, der den Gebrauch konventionalisierter sprachlicher Zeichen möglich macht" (zit. n. Aktas 2012, 40). Das aktive Einsetzen von Gesten/Gebärden ist insgesamt deutlich früher möglich als erste Wörter lautsprachlich zu produzieren.

Für den Übergang von der kommunikativen zur (laut-)sprachlichen Entwicklung ist das Alter von ca. 8 bis 12 Monaten entscheidend. Der Blickkontakt zwischen einer Bezugsperson und einem Objekt (= Triangulärer Blickkontakt) sowie das Herstellen gemeinsamer Aufmerksamkeit (= joint attention) sind dabei entscheidende Meilensteine in der Sprachentwicklung im (Entwicklungs-)Alter von ca. 9 Monaten. Hier beginnt eine gezielte Partnerkommunikation, die sich immer weiter in Richtung konventioneller Kommunikation (ca. ab dem 10. bis 11. Monat) ausweitet. Sichtbar wird dies durch eine gezielte und sich weiter ausdifferenzierende Verwendung von index finger points, Gesten sowie Vokalisationen bis hin zu Gebärden/Wörtern (Phase der symbolischen Kommunikation, ab dem 13. bis 15. Monat).

1.3 Versuch einer Abgrenzung: Gesten – Gebärden – Lautgesten

Gesten und Gebärden sind bedeutungstragende Körperbewegungen. Sie können sowohl das Sprachverstehen als auch die Sprachproduktion unterstützen.

Gesten

Alltägliche Bewegungen, mit denen das Sprechen spontan begleitet und verstanden wird, nennt man im Allgemeinen „Gesten". Gesten können Ähnlichkeit mit der Handlung haben, beispielsweise jemanden herbeiwinken. Sie können aber auch eine feste Bedeutung in einer Sprachgemeinschaft/einer Kultur haben: z. B. das Winken zur Begrüßung oder zum Abschied sowie Kopfschütteln für „nein" und Kopfnicken für „ja".

Der Gebrauch von Gesten hat in der frühen Sprach- und Kommunikationsentwicklung, also im Verlauf des ersten Lebensjahres, einen besonderen Stellenwert. Sogenannte deiktische/referentielle Gesten (s. o.) sind kontextgebunden. Nicht-deiktische/symbolische Gesten (s. o.) dagegen sind abstrakt und kontext**UN**gebunden/kontext**UN**abhängig. Besonders das Agieren mit dem Zeigefinger (= index finger point) wird als erster Schritt und als „Brücke" in eine konventionalisierte Kommunikation eingestuft.

Gesten sind eine Form der natürlichen Kommunikation mit Symbolen, die weder verhindert noch ignoriert werden sollte. Sie zeigen, dass ein Kind mit Symbolen umgehen kann und dass es kommunizieren möchte. Eine Reaktion des Umfeldes auf dieses Kommunikationsangebot sollte selbstverständlich sein.

Gebärden

Das eigenständige Gebärdensystem der Deutschen Gebärdensprache setzt sich aus manuellen, nonmanuellen und oralen Komponenten zusammen. Diese werden u. a. durch gebärdensprachlich-grammatische Komponenten und die Zeigegeste ergänzt. Ein großer Teil einer Gebärdensprache besteht aus nonmanuellen Komponenten, die mit dem Bereich der deiktischen/nicht-deiktischen Gesten korrespondieren oder sogar identisch sind. Daher besteht immer wieder das Problem, frühe nonmanuelle Äußerungen als Geste oder als Gebärde zu definieren. Für die sprachtherapeutische bzw. sprachfördernde Arbeit vor Ort ist das Wissen um diese Fragestellung wichtig, damit im Rahmen einer Diagnostik entsprechende Aussagen getätigt werden können.

Nicht erst, wenn die Lautsprachentwicklung eines Kindes langsam oder schleppend vorangeht, macht es Sinn, neben Gesten auch Gebärden anzubieten. Dies kann durch verschiedene Gebärdensysteme (vgl. Kap. 3) erfolgen, d. h. als eigenständiges Sprachsystem in Form der

- Deutschen Gebärdensprache (DGS) oder

in Form von nicht eigenständigen Systemen, die Lautsprache und Gebärden koppeln und dabei das Vokabular/die Gebärden der DGS nutzen:

- Lautsprachbegleitende Gebärden – LBG
- Lautsprachunterstützende Gebärden – LUG
- Taktile Gebärden

Durch eine spezifische sprachtherapeutische Diagnostik kann herausgefunden werden, welches System für die betroffene Person aktuell geeignet ist, welches eher nicht und warum nicht. Die Übergänge zwischen den Systemen sind fließend und sollten je nach (Sprach-)Entwicklungsverlauf individuell und flexibel angepasst werden. Entscheidender Punkt in diesem Zusammenhang ist das Sicherstellen einer funktionierenden Kommunikation. Entwicklungsrückstände in der Denk- und Intelligenzentwicklung gilt es zu vermeiden.

Lautgesten

synonym: Finger-/Handzeichen-/Manualsysteme sowie Lautgebärden, vgl. Wikipedia 2016

Die o. g. Begrifflichkeiten werden sehr unterschiedlich genutzt. Diese Tatsache macht es schwierig, einen Überblick zu bekommen. In der Sprachtherapie/Logopädie setzen sich die Begriffe „Handzeichen" bzw. „Lautgeste/Lautgebärde" zunehmend durch.

Die Lautgeste wird simultan zu einem ihr fest zugeordneten Sprachlaut durchgeführt und ist so mit ihm verbunden. Durch das Sprechen, Hören, Sehen, Fühlen und Sich-Bewegen werden parallel verschiedene Sinneskanäle aktiviert. So prägen sich Laut und Geste nachhaltig im Gedächtnis ein und lassen sich auch schnell wieder hervorrufen.

Lautgesten werden nicht für kommunikative Zwecke eingesetzt, sondern unterstützen unterschiedliche pädagogische und therapeutische Zielsetzungen:

- In der Sprachtherapie/Logopädie unterstützen Lautgesten die Lautbildung, d. h. die Anbahnung bzw. Korrektur von Einzellauten und Konsonantenverbindungen sowie den Aufbau von Silben und Silbenfolgen und Wörtern. Außerdem werden sie für die Lautwahrnehmung und Lautdifferenzierung bei sehr unterschiedlichen Störungsbildern (geistige Behinderung, Dyspraxie, Hörschädigung) eingesetzt. Teilweise sind die Lautgestensysteme auf bestimmte Störungsbilder fokussiert, z. B. das PMS VEDiT® (= für die Arbeit bei Verbaler Entwicklungsdyspraxie).
- Im schulischen Kontext werden sie vor allem beim Schriftspracherwerb eingesetzt (z. B. Kieler Lautgebärden, Koch´sche Fingerlesezeichen u. v. m.).

ZUSAMMENFASSUNG

Die kommunikative und sprachliche Entwicklung eines Kindes wird wesentlich von zwei Einflussgrößen beeinflusst (vgl. Aktas 2012, 45):

- durch die Lernfähigkeiten des Kindes, d. h. durch die Entwicklungsfortschritte in den nichtsprachlichen, aber sprachrelevanten Fähigkeiten, wie z. B. die der Wahrnehmung, des Lernens und Denkens sowie der sozialen Kognition, und
- durch den kommunikativen und sprachlichen Input von Seiten der lehrenden Umwelt.

Der Weg in die lautsprachliche Entwicklung führt grundsätzlich über die gestische Modalität: Gesten – und speziell der Zeigegeste – kommt damit eine „Brückenfunktion" für den Übergang vom nichtsprachlichen zum sprachlichen Handeln zu, insofern sollten sie (möglichst früh) durch den Gebrauch von Gebärden ergänzt und erweitert werden. Die Vielzahl von Optionen, z. B. aus dem Bereich der nonmanuellen Komponenten der Deutschen Gebärdensprache (DGS), birgt zudem ein bisher ungenutztes Potential, welches besonders die Möglichkeiten in der sehr frühen Kommunikations- und Sprachentwicklung erweitert.

Unterstützte Kommunikation

2.1 Definition: Unterstützte Kommunikation (UK)

Unterstützte Kommunikation (UK) fasst eine Vielzahl von Möglichkeiten für Menschen zusammen, die sich nicht oder nicht (mehr) ausreichend verständlich lautsprachlich mitteilen können. UK hat sich als wissenschaftliches Fachgebiet in Deutschland in der Heil- und Rehabilitationspädagogik etabliert und ergänzt zudem das Behandlungsangebot in der Sprachtherapie bzw. Logopädie.
Unterstützte Kommunikation richtet sich dabei sowohl an Kinder und Jugendliche als auch an Erwachsene. Sie ist unabhängig vom Alter und unabhängig von der Art der Behinderung und kann in allen Lebensbereichen Verwendung finden.

International ist UK unter dem Begriff AAC (Augmentative and Alternative Communication) bekannt, was mit „alternative" und „ergänzende" Kommunikation übersetzt werden kann:

- „Alternative Communication" bezieht die Personen ein, die keine Möglichkeit haben, sich mithilfe von Lautsprache zu äußern. Für diesen Personenkreis stehen andere Kommunikationsformen zur Verfügung, z. B. Gebärden, Schrift ...
- „Augmentative Communication" bedeutet, dass zusätzlich zur Lautsprache ergänzende Kommunikationsformen erlernt und genutzt werden können, die einerseits den Spracherwerb fördern und ergänzen, andererseits aber auch als alternative Kommunikationsform zur Verfügung stehen, wenn der Erwerb der Lautsprache nicht (mehr) möglich sein sollte (vgl. ISB 2009, 16).

Kommunikation wird grundsätzlich von drei wichtigen Faktoren bestimmt, die es zu berücksichtigen gilt, nämlich Inhalt, Funktion und Form. Nur wenn diese drei Faktoren sich in einem adäquaten Gleichgewicht befinden, ist erfolgreiche Kommunikation möglich.

Der **Inhalt** beschreibt das Thema, also das, „was" wir sagen wollen.

Die **Funktion** geht der Frage nach, „warum" und „wozu" wir etwas sagen und was wir damit erreichen wollen, z. B. um zu protestieren, um eine Frage zu stellen oder zu beantworten ...

Die **Form** geht der Frage nach, „wie“ wir uns ausdrücken. Dabei stehen folgende drei Formen zur Verfügung:

- Körpereigene Kommunikationsformen
  u. a. allgemeingebräuchliche Kommunikationsformen (Blicke/Blickbewegungen, Körperhaltung, Gestik und Mimik, Atmung und Muskelspannung) sowie kompensierende Kommunikationsformen (hinweisendes Zeigen mit Auge und Hand, vereinbarte Zeichen für „Ja“ und „Nein“, Gesten, Gebärden) und Laute/Vokalisation und Lautsprache sowie das Signalisieren von Buchstaben.
- Nicht-elektronische Kommunikationsformen
  u. a. Realgegenstände, Miniaturen von Realgegenständen, Fotos/Bilder, (tastbare) Symbole/Buchstaben oder Wörter auf Karten und/oder Kommunikationstafeln sowie in Kommunikationsordnern oder Kommunikationsbüchern, Schrift.
- Elektronische Kommunikationsformen
  u. a. einfache Taster mit einer Aussage bis hin zu komplexen Kommunikationssystemen/Talkern/Sprachausgabegeräten, die dann symbol- oder schriftzeichenorientiert genutzt werden können.

Im Sinne einer multimodalen Kommunikation werden immer mehrere Kommunikationsformen in Kombination mit der Lautsprache angestrebt (multimodal und multimedial). Je nach Thema, Inhalt und/oder Situation kann eine Kommunikationsform überlegen sein.

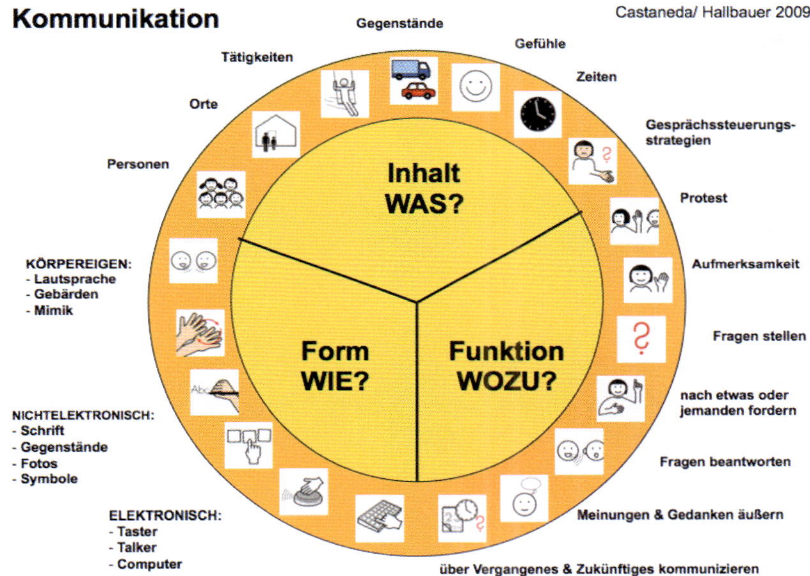

Abb. 16: Inhalt, Form und Funktion von Kommunikation – Kommunikationsrad: Form (WIE?), Inhalt (WAS?) und Funktion (WOZU?)
aus: Castaneda, C. und Hallbauer, A. (2013): Einander verstehen lernen. Ein Praxisbuch für Menschen mit Autismus. Kiel: Holtenauer, S. 49 – mit freundlicher Genehmigung der Autoren

2.2 Zielgruppen für UK und Gebärdensysteme: Wem nützen diese und warum?

Die Gründe, warum Menschen jeden Alters nicht, nicht mehr oder in nicht ausreichendem Umfang Lautsprache verwenden können, sind vielfältig.
Kinder, Jugendliche und Erwachsene können dabei gleichermaßen von den Möglichkeiten der Unterstützten Kommunikation und speziell von Gebärden profitieren.

Im Einzelnen sind Menschen mit folgenden Handicaps angesprochen (vgl. Appelbaum 2016b):

Kinder, Jugendliche und Erwachsene mit:

- Hörschädigung
- Sehbehinderung
- Hör-/Sehbehinderung
- geistiger Behinderung, u. a. Down-Syndrom
- Entwicklungsstörungen (eingeschränkter Lautsprache) unklarer Genese
- Mehrfachhandicaps, u. a. genetischen Syndromen
- Schwerstmehrfachbehinderung
- Autismus-Spektrum-Störungen
- körperlich-motorischen Einschränkungen
- neurologischen Beeinträchtigungen, die mit motorischen/sprachlichen Symptomen einhergehen, u. a. Dyspraxie, Apraxie, Aphasie oder
- (s)elektivem Mutismus
- ....

Erwachsene Menschen mit erworbenen Sprach-, Sprech- und Kommunikationsstörungen, d. h. mit Aphasie, Dysarthrie/Anarthrie, Sprechapraxie, infolge von:

- erworbenen neurologischen Beeinträchtigungen, u. a. Schädel-Hirn-Trauma, Schlaganfall
- fortschreitenden Erkrankungen, u. a. Multiple Sklerose, Amyotrophe Lateralsklerose, Demenz, Morbus Parkinson
- vorübergehend eingeschränkter oder persistierender Lautsprache, u. a. nach Kehlkopferkrankungen, Tumorbehandlungen im Kopf-, Hals-, Mundbereich oder Operationen

Darüber hinaus können aber auch Menschen ohne Handicaps von Gebärden profitieren. Sie erlernen Gebärden als zusätzliche Sprache (DGS) oder als ergänzende Möglichkeit, sich auszudrücken und erweitern dadurch ihr kommunikatives Spektrum. Dieses gilt gleichermaßen für Babys und Kindergartenkinder wie für Menschen, die Deutsch nicht als Muttersprache gelernt haben.

In Bezug auf die unterschiedliche Nutzung von Gebärden gilt es drei **Zielgruppen** zu unterscheiden (in Anlehnung an von Tetzchner 2006; ISB 2009, 16f; Braun 2012a):

Gruppe 1:
Menschen, für die Unterstützte Kommunikation mit Gebärden ein Ausdrucksmittel darstellt (expressiv language group)

Personen, die zu dieser Gruppe gehören, nutzen Gebärden in **sprachunterstützender** Funktion.
Der Grund dafür ist eine vorübergehende oder dauerhafte Beeinträchtigung in der Produktion von Lautsprache. Typisch für diese Gruppe sind u. a. Menschen mit Zerebralparesen, schweren Dysarthrien, Dysarthrophonien oder Anarthrien. Gebärden können für eine eindeutige Begrifflichkeit und als Unterstützung der Lautsprache genutzt werden. Durch die daraus resultierende, verbesserte Verständigung werden Interaktionsprozesse günstig beeinflusst.

Gruppe 2:
Menschen, für die Unterstützte Kommunikation mit Gebärden eine vorübergehende Hilfe zum Spracherwerb darstellt (supportive language group)

Personen, die zu dieser Gruppe gehören, nutzen Gebärden in **sprachanbahnender** Funktion.
Hier geht es darum, Gebärden früh und effektiv als Unterstützung zum Lautspracherwerb zu nutzen. Gebärden bieten demnach eine Hilfe zur Lautsprachanbahnung, z. B. für Kinder mit einer schweren Sprachentwicklungsverzögerung. Sie stellen einen vorübergehend ergänzenden Weg zur Lautsprache dar, wobei durch die Vermittlung der Gebärden nicht nur kommunikative Prozesse, sondern auch das Sprachverständnis und der Sprachgebrauch positiv unterstützt werden können (Appelbaum 2011). Sobald sich lautsprachliche Entwicklungen ergeben, stehen diese im Vordergrund und der Gebärdeneinsatz reduziert sich. Gebärden dienen demnach als „Brücke“ auf dem Weg in die Lautsprache.

Gruppe 3:
Menschen, denen Unterstützte Kommunikation mit Gebärden eine Ersatzsprache bietet (alternative language group)

Personen, die zu dieser Gruppe gehören, nutzen Gebärden in **sprachersetzender** Funktion.
Es geht dabei um Menschen, die die Lautsprache kaum oder gar nicht, also weder rezeptiv (= aufnehmend) noch expressiv (= sprachlich aktiv), als Kom-

munikationsmittel einsetzen. Sie nutzen stattdessen andere Kommunikationsformen. Dabei kommt zum einen dem Aufbau eines differenzierten Gebärdenwortschatzes, zum anderen der Nutzung der Deutschen Gebärdensprache als eigenständiges Sprachsystem eine besondere Bedeutung zu. Dies gilt nicht nur für gehörlose oder hörgeschädigte, sondern auch für hörende Menschen. Für (stark) beeinträchtigte Menschen mit einer kombinierten Hör- und Sehbeeinträchtigung sowie für taubblinde Menschen kann das System der taktilen Gebärden die Funktion einer Ersatzsprache übernehmen.

Die Zugehörigkeit zu einer dieser drei Gruppen kann flexibel und vorübergehend sein, d. h., zwischen den einzelnen Gruppen sind die Grenzen durchlässig und die Zugehörigkeit zu einer Gruppe kann sich je nach Entwicklungsverlauf ändern.

Für Fachleute stehen im Zusammenhang mit UK und Gebärdensystemen zusätzlich die **Meilensteine von Kommunikationskompetenzen** (Weid-Goldschmidt 2013) zur Verfügung. Diese Meilensteine sind abgeleitet von Kommunikations- und Sprachkompetenzen aus der allgemeinen Entwicklung und sind in Kompetenzstufen eingeteilt, auf denen sich kommunikativer Austausch vollziehen kann. Den vier Zielgruppen werden dabei Kommunikationsfunktionen des COCP-Programms („Communicatieve Ontwikkeling van niet-sprekende kinderen en hun Communicatiepartners“, vgl. Heim, Jonker, Veen 2012) zugrunde gelegt, die besonders im Bereich Diagnostik und für das konkrete pädagogische sowie therapeutische Vorgehen von Bedeutung sind und auch im Zusammenhang mit Gebärden sinnvoll genutzt werden können (vgl. auch Kap. 4.1.1).

Wir unterscheiden insgesamt sechzehn Kommunikationsfunktionen (Weid-Goldschmidt 2013, 30ff, 108):

1. Stimmung und allgemeines Befinden äußern
2. Aufmerksamkeit für den Partner
3. Bemerken, dass eine Aktivität unterbrochen wird
4. Wechselseitiges Handeln (turn-taking)
5. Akzeptieren eines angebotenen Objekts
6. Protestieren oder abweisen
7. Sich entscheiden / zwischen (zwei) Alternativen wählen
8. Grüßen im Sinne von „Hallo“ und „Tschüss“
9. Um Hilfe bitten

10. Um ein Objekt / eine Aktivität bitten
    - in der direkten Umgebung
    - nicht in der direkten Umgebung
11. Um Aufmerksamkeit bitten
12. Ja/Nein-Fragen beantworten
13. Auskunft erteilen über etwas oder jemand
    - in der direkten Umgebung
    - nicht in der direkten Umgebung
14. Um Auskunft bitten
15. Gefühle/Gedanken ausdrücken
16. Witze erzählen / Späße machen / tun als ob / necken

Gruppe 1: Kommunikationsfunktionen in Anlehnung an das COCP-Programm: Funktionen 1 – 6

Menschen dieser Gruppe können präintentional kommunizieren, d.h., ein Dialog ist im Wesentlichen über körpernahe Sinne möglich. „Bei Menschen, die hier zu Gruppe 1 zugeordnet werden, ist eine bewusste Wahrnehmung der eigenen Person sowie der Umwelt nur sehr eingeschränkt oder gar nicht zu beobachten. Die Signale dieser Menschen sind – wenn sie überhaupt als solche wahrgenommen werden – nur schwer zu deuten. Zudem zeigen die Personen auch auf die Signale bzw. Angebote der Kommunikationspartner hin meist keine unmittelbar verständlichen Reaktionen. Ein Verständnis bei Ansprache ist nicht zu beobachten, wohl aber die Wahrnehmung der emotionalen Färbung des Gesprochenen“ (Weid-Goldschmidt 2013, 31).

Welche Rolle spielen hier Gebärden?

Nonmanuelle Komponenten, Gesten und (taktile) Gebärden können möglicherweise folgende Funktionen übernehmen (vgl. Jakob & Pittroff 2009; Appelbaum 2013):

- Emotionalität kann wahrgenommen und verstanden werden.
- Es kann erfahren werden, dass Hände Informationen geben können.
- Es kann erfahren werden, dass Hände Sicherheit geben können.
- Es kann erfahren werden, dass Hände angenehme Erfahrungen bieten können.
- Die Aufmerksamkeit kann auf ein spezielles Thema oder einen Gegenstand gelenkt werden.

- Der Beginn und das Ende einer Aktivität können verdeutlicht werden.
- Der Zusammenhang zwischen Sprache und Kontext der erlebten Aktivität kann verdeutlicht werden.
- Wiederkehrende Angebote können dargestellt/erfühlt werden.
- Der Alltag kann vorhersehbarer erlebt (= ertastet) werden.
- Das Bezeichnen und Unterscheiden von Personen ist möglich (Personenzeichen/Personengebärden).

Gruppe 2:
Kommunikationsfunktionen in Anlehnung an das COCP-Programm:
Funktionen 7 – 11

Die Personen dieser Gruppe verfügen über grundlegende kommunikative Kompetenzen, d. h., sie kommunizieren präsymbolisch. Sie können über die Triangulierungsfähigkeit, also über Blickkontakt und Gestik, gemeinsame Aufmerksamkeit steuern. Sie kommunizieren intentional, aber auf vorsymbolischem Niveau, d. h., situatives Sprachverständnis ist vorhanden. Dieses gilt besonders in bestimmten Handlungszusammenhängen, da in diesen Situationen oft auch Gesten eingesetzt werden. Ausschließlich lautsprachlich gestellte Ja-Nein-Fragen werden dagegen eher nicht verstanden.
„Der Gruppe 2 werden hier Kinder, Jugendliche und Erwachsene zugeordnet, die intentional für Kommunikation offen sind, deren symbolische Kompetenzen allerdings nicht (noch nicht oder nicht mehr) ausreichen, um das komplizierte Symbolsystem der Sprache, insbesondere der Lautsprache, mehr als in Ansätzen zu verstehen. Eine Repräsentation von Konzepten und Begriffen durch gesprochene Wörter (...) kann von ihnen höchstens ansatzweise, z. B. über Signalwörter mit zusätzlichen gestischen Hinweisen, in vertrauten Situationen verstanden werden. In der Kommunikation mit ihnen geht es meist (...) um Inhalte, die im Hier und Jetzt Bedeutung haben“ (Weid-Goldschmidt 2013, 45).

Welche Rolle spielen hier Gebärden?
Gebärden sprechen verschiedene Sinneskanäle an. Für diese Gruppe bietet es sich an, lautsprachunterstützende Gebärden (LUG) zu nutzen. Die Vorteile sind:

- Nonmanuelle Komponenten können verstanden werden.
- Nonmanuelle Komponenten können aktiv (= expressiv) genutzt werden.
- Schlüsselwörter werden visualisiert/gebärdet, d. h., die Lautsprache verlangsamt sich.

- Die gesprochenen Sätze werden kürzer, damit werden Zusammenhänge leichter erkennbar und das Sprachverständnis, die Begriffsbildung und das Behalten positiv unterstützt.
- Der Wortschatz kann gezielt und schnell erweitert werden.
- Ähnlich klingende Begriffe und Minimalpaare (z. B. Haus – Maus) werden mit LUG direkt als verschieden wahr- und aufgenommen.
- Die Ergänzung mit taktilen Gebärden kann sinnvoll sein.

Gruppe 3: Kommunikationsfunktionen in Anlehnung an das COCP-Programm: Funktionen 12 – 16

Die Personen dieser Gruppe verfügen über eine innere Sprache (= verbal-symbolische Kompetenz), mit der sie sich mitteilen könnten, wenn ihnen die entsprechenden Ausdrucksmöglichkeiten zur Verfügung stünden. Das Ja-Nein-Konzept ist vollständig vorhanden, d. h., gehörte Lautsprache oder andere Formen bedeutungstragender Symbole können mit Vorstellungen und Sprachstrukturen in Verbindung gebracht werden. Insgesamt erweisen sich die lautsprachlichen Möglichkeiten aber als sehr heterogen, d. h., auf den einzelnen Sprachebenen finden sich sehr unterschiedliche Kompetenzniveaus.
„Der Gruppe 3 werden (...) Menschen mit den verschiedensten motorischen, sensorischen und/oder wahrnehmungsverarbeitenden oder sprachspezifischen Beeinträchtigungen zugeordnet. Kognitive oder schwere linguistische Beeinträchtigungen bedingen, dass sprachliche Inhalte nicht (oder nicht mehr) dem entsprechen, was andere Personen im vergleichbaren Lebensalter verstehen können und sagen möchten" (Weid-Goldschmidt 2013, 62).

Welche Rolle spielen hier Gebärden?

Taktiles Gebärden, lautsprachunterstützende Gebärden (= LUG) und lautsprachbegleitende Gebärden (= LBG) sind einsetzbar, die DGS als eigenständige Sprache prinzipiell erlernbar. Zur Visualisierung von grammatischen Strukturen und/oder zur Erleichterung beim Lese-Rechtschreiberwerb können zusätzlich Handsysteme eingesetzt werden, vgl. Kap. 3.5. Nach einer differenzierten, spezifisch sprachtherapeutischen Diagnostik im Bereich Gesten/Gebärden werden individuelle sprachliche Ziele abgeleitet und Gebärden- und/oder Handsysteme passgenau empfohlen.

Gruppe 4:
Die Kommunikationsfunktionen in Anlehnung an das COCP-Programm entwickeln sich altersadäquat

Auch hier geht es um Menschen, die von Geburt an in ihrer Kommunikationsfähigkeit beeinträchtigt sind oder aber um solche, die die Beeinträchtigungen erworben haben, deren altersgerechte kommunikative und kognitive Fähigkeiten aber i. d. R. erhalten sind. „Die Personen der vierten Gruppe können altersadäquat kommunizieren und mit geeigneten Hilfen ‚sprechen'" (Weid-Goldschmidt 2013, 29).

Welche Rolle spielen hier Gebärden?
Hier kann das gesamte Repertoire an Gebärden- und/oder Handsystemen eingesetzt und kombiniert werden. Ziel ist, mit allen zur Verfügung stehenden Mitteln, vorhandene Kompetenzen zu erhalten, zu unterstützen und zu erweitern. Es gilt ein multimodales und multimediales Kommunikationsangebot zu etablieren. Gebärden können dabei sehr verschiedenartige Funktionen übernehmen.

2.3 Methoden der UK im Zusammenhang mit Gebärden

Die Entfaltung der individuellen Möglichkeiten ist abhängig von körperlichen Faktoren (z. B. Art und Ausprägung der Beeinträchtigung), kognitiven Faktoren (z. B. Abstraktions- und Symbolverständnis) und Umweltfaktoren (z. B. Häufigkeit und Gestaltung der Förderung). Aber auch die Rahmenbedingungen, unter denen eine Intervention stattfindet, haben erheblichen Einfluss auf deren Erfolg.

Den theoretischen Rahmen zu all diesen Faktoren bietet das Partizipationsmodell nach Beukelmann und Mirenda (2005) und die ICF-Klassifikation (= International Classification of Functioning, Disability and Health) der Weltgesundheitsorganisation WHO (2007).
Ziel ist, die aktuellen, aber auch die zukünftigen Kommunikationsbedürfnisse und -fähigkeiten einer betreffenden Person mit Handicap zu erfassen. Es geht also um ein systematisches Vorgehen bezüglich Planung, Durchführung und Überprüfung von lebens- und alltagsrelevanten Maßnahmen mit dem Ziel einer möglichst optimalen Teilhabe.

Grundlage und Bezugspunkt sind die kommunikativen Bedürfnisse der „Peer-Group“ (= Bezugsgruppe des Individuums). Das Handicap steht dabei nicht im Vordergrund. Der Ablauf und Aufbau des Programms kann selbstverständlich auf den Umgang mit Gebärden sowie auf den Gebrauch von Gebärden übertragen werden.

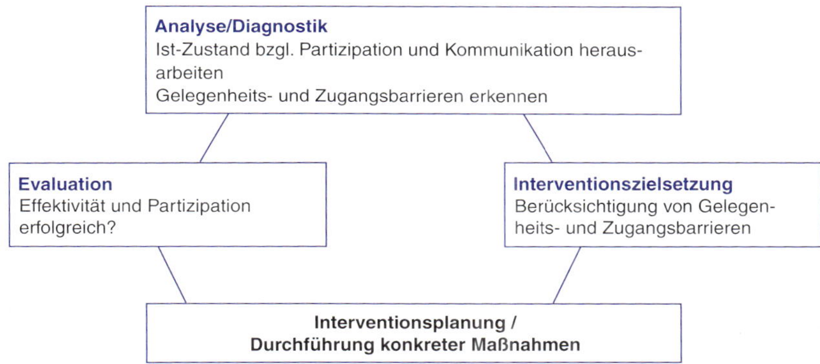

Abb. 17: Ablauf und Aufbau des COCP-Programms

2.4 Vorteile des Gebärdeneinsatzes zur Sprach- und Kommunikationsförderung

Gebärden werden der Gruppe der körpereigenen Kommunikationsformen zugeordnet. Dabei spielen Mimik/Gestik, Blick- und Zeigebewegungen eine entscheidende Rolle. Mimik und Gestik sind natürliche sprachbegleitende Kommunikationsmittel, die ergänzt durch Gebärden differenzierte Mitteilungen ermöglichen. Denn: Gebärden bedeutet, dass die Hände, Körperbewegungen und der Gesichtsausdruck sowie die gesprochene Sprache (inkl. Lautäußerungen, Vokalisation) eine Einheit bilden.

Die nun beschriebenen Komponenten sind Vorteile, die **unabhängig vom gewählten Gebärdensystem und der gewählten Gebärdensammlung** umgesetzt und genutzt werden können. Ihre Effektivität zahlt sich besonders im kommunikativen Bereich aus.

2.4.1 Nonmanuelle Komponenten (ausführlich vgl. Kap. 1.2)

Die nonmanuellen Komponenten (Mimik, Bewegungen des Mundes/Mundgestik, Blicke/Blickrichtung, Kopf- und Oberkörperhaltung/-bewegungen) haben vorerst nichts mit den Händen zu tun. Diese vier Elemente übernehmen aber eine wichtige Rolle in der Kommunikation, weil allein über sie der Sinn einer Gebärde oder eines Satzes verändert werden kann. Nonmanuelle Komponenten sind einfach zu realisieren, leicht zu verstehen und können auf einer sehr frühen Entwicklungsstufe verstanden bzw. nachgeahmt werden. Sie haben einen hohen kommunikativen Wert und sollten deshalb bewusst und gezielt eingesetzt werden.

2.4.2 Gebärdensprachlich-grammatische Komponenten (ausführlich vgl. Kap. 1.2)

Ausgewählte gebärdensprachlich-grammatische Komponenten stellen eine weitestgehend ungenutzte Ressource im Umgang mit Gebärden außerhalb der DGS dar. Sie fördern und vereinfachen aber eine eindeutige Zuordnung und damit die Verständlichkeit von Inhalten, während im Gegensatz dazu lautsprachliche Ausführungen eher komplex sind und komplizierten grammatischen Regeln folgen. Somit können auch Menschen ohne verständliche Lautsprache komplexe Inhalte ausdrücken.

2.4.3 Allgemeingültige Ziele und Vorteile des Gebärdeneinsatzes (vgl. auch Giel 2015, 32; Mayer 2007, 25; Wilken 2010, 85ff; Appelbaum 2016b, 159)

2.4.3.1 Gebärden als Unterstützung für die Sprach- und Kommunikationsentwicklung

- Nonmanuelle Komponenten dienen als sinnvoller Einstieg in die kommunikative Entwicklung ca. ab dem 3. Monat.
- Erste Gebärden können schon zu einem sehr frühen Entwicklungszeitpunkt (ca. 8. bis 12. Monat) aktiv vom Kind gelernt und genutzt werden.
- Gebärden können als „Brücke“ in die Lautsprache dienen. Sie übernehmen dann eine Art „Erste Hilfe-Funktion“, damit sich Freude, Spaß und Interesse an Kommunikation einstellen können, obwohl die Lautsprache (noch) nicht genutzt wird. Das steigert zudem die Autonomie der betreffenden Person.
- Gebärden sind, zumindest zu einem großen Teil, motorisch einfacher zu realisieren als Lautsprache. Trotzdem kommt es immer wieder zu Ungenau-

igkeiten in der Realisierung beim Kind. Diese „Ungenauigkeiten" sind auch beim Lernen von Wörtern zu beobachten (Beispiel: put für kaputt). Mit zunehmenden (motorischen) Fähigkeiten und bei einem guten Gebärdenvorbild verringern sich diese „ungenauen motorischen Bewegungen", d. h., Gebärden müssen nicht vereinfacht werden.

- Besonders die sogenannten ikonischen (= bildhaften, anschaulichen, bedeutungstragenden) Gebärden erleichtern das Lernen, weil sie Merkmale des gemeinten Begriffs, und zwar bezogen auf die Form, die Tätigkeit oder wesentliche Eigenschaften, darstellen, z. B.: TELLER (= einen runden Teller auf der Hand zeigen), LEISE (= Zeigefinger auf die Lippen legen).
- Taktile Gebärden ermöglichen motorisch eingeschränkten Personen oder Menschen mit veränderter Wahrnehmungsfähigkeit das Erlernen von Gebärden, wobei hier der Auswahl und dem Umfang des Gebärdenvokabulars eine besondere Bedeutung zukommt.
- Die Erarbeitung von Wortfeldern und einfachen grammatischen Strukturen ist möglich. Dabei kommt es vor, dass das Kind (vorübergehend) ein Wort gebärdet und ein Wort spricht.

2.4.3.2 Gebärden als Unterstützung beim Verstehen

- Das Sprachverständnis wird durch die Darstellung von Schlüsselwörtern mit Gebärden günstig beeinflusst.
- Gute visuelle Fähigkeiten, u. a. bei Menschen mit Down-Syndrom, unterstützen die Speicherung eines Wortes durch die Kombination von visueller und akustischer Darbietung (Gebärde und Wort).
- Die Verbindung zwischen Gebärde und Bild schafft semantische (= bedeutungstragende) Bezüge.
- Durch die Verknüpfung von auditiver (Laute, Worte) und visueller Information (Gebärde) können Probleme verschiedener Art verringert werden.
- Die nonmanuellen Komponenten erleichtern es, Gefühle und Stimmungen besser zu verstehen sowie eigene Äußerungsmöglichkeiten zu verbessern und zu erweitern.

2.4.3.3 Gebärden als Unterstützung bei der Verständigung

- Gesten und Gebärden werden bereits ab dem 8. bis 12. Lebensmonat/Entwicklungsalter aktiv eingesetzt bzw. übernommen, d. h. in einer sehr frühen Phase der (Sprach-)Entwicklung. Dadurch kann das Kind seine Bedürfnisse äußern und wird besser verstanden.

- Aufmerksamkeit, Konzentration und das genaue Hinschauen zu einem Gegenstand, der Blickkontakt zu einer Person oder Situation können die Verständigung grundsätzlich erleichtern.
- Gebärden stehen jederzeit, spontan und ortsunabhängig zur Verfügung. Sie entstehen mit derselben Natürlichkeit, Spontanität und Direktheit wie gesprochene Sprache.
- Sie ermöglichen damit eine vergleichbar schnelle Kommunikation wie die Lautsprache, dies allerdings in Abhängigkeit von den gebärdensprachlichen Fähigkeiten der Kommunikationspartner.
- Gebärden können bei Bedarf aber auch langsam präsentiert werden, damit mehr Zeit zur Wahrnehmung und Verarbeitung des Inhaltes zur Verfügung steht.
- Es steht ein unbegrenztes Vokabular bei Nutzung der Gebärden der Deutschen Gebärdensprache zur Verfügung.

2.4.3.4 Gebärden als Hilfe zur Handlungsplanung und Strukturierung

- Gebärden können, ggf. in Kombination mit Bildsymbolen, die jeweiligen Handlungsschritte und damit die inhaltliche und zeitliche Struktur einer Therapieeinheit, einer Schulstunde, eines Schultages oder eines Familienalltags verdeutlichen.

2.4.3.5 Gebärden als Unterstützung zur Verhaltensregulierung

- Nonmanuelle Komponenten, wie eindeutige Ich-Botschaften, in Kombination mit Gebärden wie „Stopp“, „Lass das!“, „Feierabend“, „Nein!“, „Setz dich!“ zeigen dem Kind (notfalls sehr) deutlich, welches Verhalten erwünscht ist.

2.4.3.6 Gebärden als Unterstützung zur diagnostischen Einschätzung und Therapieplanung

- Der Einsatz von Gebärden im Bereich der Diagnostik ist möglich. Die Adaption vorhandener Diagnostikverfahren schafft eine gute und effektive Möglichkeit zur Erfassung des aktuellen Sprachstands und damit zur Ableitung von Therapiezielen. Dies gilt sowohl für die Erfassung vorsprachlicher als auch linguistischer Fähigkeiten (vgl. Kap. 4.1.1).

2.4.3.7 Gebärden und Lautgesten als Unterstützung beim Lese- und Rechtschreiberwerb

- Buchstaben können mit dem Fingeralphabet oder anderen Manualsystemen motorisch gekoppelt und dadurch beim Schreiben leichter abgerufen werden.
- Schreib- und Leseangebote mit Gebärden und Lautgesten können das Lesesinnverständnis und das Verständnis für grammatische Strukturen positiv unterstützen.
- Literacy (Lese- und Rechtschreibkompetenzen) wird angebahnt.

2.4.3.8 Gebärden als Einstieg in das System der Deutschen Gebärdensprache (DGS)

- Der Einstieg über taktile Gebärden und/oder lautsprachunterstützende Gebärden (LUG) kann, muss aber nicht, den Weg in die DGS vorbereiten.
- Ein wünschenswerter Austausch oder die Kommunikation zwischen den Personen, die unterschiedliche Gebärdensysteme nutzen, kann positiv unterstützt werden, d. h., Menschen mit DGS als Muttersprache, DGS-kompetente Personen und Menschen mit Gebärdenkenntnissen aller Art haben es leichter, sich miteinander zu verständigen. Letztendlich rücken damit auch die (geistig behinderten) Menschen in den Fokus, die den Weg in die Lautsprache nicht gehen (können) und stattdessen die Gebärdensprache im Sinne einer vollwertigen Sprache nutzen und erlernen.
- Das Einbeziehen der Deutschen Gebärdensprache als eigenständiges Sprachsystem ist grundsätzlich sinnvoll und möglich. Dabei können sich Spaß und Neugierde zum Lernen einer zusätzlichen (Fremd-)Sprache ergeben.

2.4.3.9 Gebärden als Unterstützung zur Partizipation und Inklusion

- Beide Kommunikationspartner gebärden und nutzen dabei dieselbe Kommunikationsform. Das erzeugt Spaß und Interesse an der Kommunikation mit dem Gegenüber und wirkt sich positiv auf Partizipation aus.
- Gebärden können die Eltern-Kind-Interaktion günstig beeinflussen, da eine Kombination von Gebärde und Lautsprache von vielen Kindern leichter verstanden wird als eine ausschließlich lautsprachliche Äußerung.
- Nonmanuelle Komponenten bieten die Chance, Gefühle und Stimmungen leichter zu verstehen und sie auch einfacher mitteilen zu können.
- Die Kinder werden zum Blickkontakt aufgefordert, d. h., die Zuwendung auf einen Gesprächspartner wird unterstützt.

- Durch vermehrten Blickkontakt konzentriert man sich auf das Gesicht des Gesprächspartners und auch auf dessen Artikulation.
- Bei Menschen, die mehrere Sprachen sprechen, können Gebärden vorübergehend Kommunikationsmöglichkeiten bieten, ggf. das Erlernen der deutschen Lautsprache erleichtern.
- Gebärden können sicher ein bilinguales Verständnis fördern.
- Die eigene Nutzung von Gebärden sensibilisiert und nimmt die Scheu vor Menschen, die auf Gebärden angewiesen sind. Gebärden zu nutzen wird somit selbstverständlicher.
- Die selbstverständliche Begleitung von Gebärden der Deutschen Gebärdensprache bei Fingerspielen und Liedern lässt Kinder teilhaben.

ZUSAMMENFASSUNG

Unterstützte Kommunikation (UK) hat das Hauptziel, Menschen eine Alternative oder eine Ergänzung zur Lautsprache anzubieten, um ihre kommunikative Situation zu verbessern, ihnen eine Teilhabe an der Gesellschaft sowie ein bestenfalls selbstbestimmtes Leben zu ermöglichen. Dabei werden nicht oder kaum sprechende Menschen aller Altersgruppen als Zielgruppen angesprochen.
Man unterscheidet zwischen:

- Körpereigenen Kommunikationsformen, hier: Gebärden
- Nicht-elektronischen Kommunikationsformen und
- Elektronischen Kommunikationsformen

Da es keine Mindestvoraussetzungen gibt, die Menschen mit Handicaps im Rahmen von Kommunikationsprozessen erfüllen müssen, gilt es, die für das Individuum passenden Kommunikationsformen, Methoden und Inhalte zu finden und sie so einzusetzen, dass sich Kommunikationsbereitschaft einstellt und kommunikativer Rückzug vermieden wird. Dazu sollten das Sensibilisieren und die Motivation für alle zur Verfügung stehenden Möglichkeiten in Gang kommen, sich erweitern und stabilisieren. Dieses gilt gleichermaßen für den Menschen mit Handicap als auch für sein Umfeld!

Es ist vorteilhaft, nonmanuelle Komponenten und ausgewählte grammatische Strukturen aus dem Sprachsystem der DGS einzubinden – dieses ist möglich, und zwar unabhängig von der Nutzung eines bestimmten Gebärdensystems oder einer bestimmten Gebärdensammlung. Damit ergibt sich zudem die Möglichkeit, den Weg in das vollwertige, linguistische Sprachsystem der Deutschen Gebärdensprache offen zu halten und bei Bedarf zu gehen.

Gebärden dienen oft als „Brücke" in die Lautsprache. Sie stehen grundsätzlich zu einem sehr frühen Entwicklungszeitpunkt (ab ca. 3. Monat) zur Verfügung, eine aktive Nutzung ist ab dem 8. bis 12. Monat möglich. Das ist vor dem Beginn der Lautsprachentwicklung. Damit eröffnen sich im Zusammenhang mit Gebärden vielfältige Möglichkeiten bzgl. der Unterstützung für die Sprach- und Kommunikationsentwicklung, den Lese-Rechtschreiberwerb bis hin zur Partizipation und Inklusion.

Gebärden- und Handzeichensysteme

3.1 Deutsche Gebärdensprache (DGS)

Zur Verfügung stehende Systeme und ihre Abkürzungen:

Deutsche Lautsprache (**DLS**)
Deutsche Gebärdensprache (**DGS**)
Lautsprachbegleitende Gebärden (**LBG**)
Lautsprachunterstützende Gebärden (**LUG**)

- in Kombination mit dem internationalen Fingeralphabet (**FA**), synonym: Graphembestimmtes Manualsystem (**GMS**)
- in Kombination mit dem Phonembestimmten Manualsystem (**PMS**)

Taktile Gebärden
Schriftsprache

3

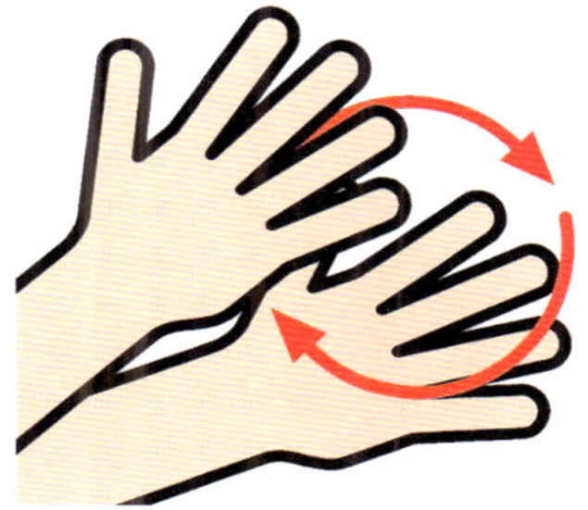

Abb. 18, 1–2: Ich gebärde.
❶ gebärden (Hände abwechselnd nach vorne drehen)
❷ gebärden, © Bildsystem: A. Kitzinger, Metacom 7

Die Deutsche Gebärdensprache (DGS) besitzt alle Kriterien einer eigenständigen, natürlichen Sprache. Sie ist in Deutschland seit 2002 anerkannt und damit als (Mutter-)Sprache der Gehörlosen der deutschen Lautsprache (DLS) gleichgestellt. Man kann alle Inhalte, abstrakte Sachverhalte etc. in DGS ausdrücken.

Neben der DGS nutzt und pflegt die Gehörlosengemeinschaft zudem die dazugehörige Gehörlosenkultur.

Bedeutungsunterscheidende Merkmale der Gebärden werden über manuelle Komponenten (= die Handform, die Handstellung, die Ausführungsstelle und die Bewegung) deutlich sichtbar und differenziert dargestellt. Nonmanuelle Komponenten (= Mimik, Bewegungen des Mundes/Mundgestik, Blicke/Blickrichtung, Kopf- und Oberkörperhaltung/-bewegungen) und orale Komponenten ergänzen dieses Angebot (vgl. Kap. 1.2 Berührungspunkte zwischen Sprach-, Gesten- und Gebärdenentwicklung).

Die Gebärde/die Hände, aber auch die „gesprochene" Sprache/das Mundbild, die Körperhaltung und die Mimik bilden beim Gebärden eine Einheit. Hinzu kommen eigenständige gebärdensprach-grammatische Komponenten mit eindeutig festgelegten Abfolgen und Regeln. Das Internationale Fingeralphabet (FA, synonym: das Graphembestimmte Manualsystem [GMS]) steht als Ergänzung ebenfalls zur Verfügung und übernimmt dabei bestimmt Aufgaben, s. u.
Das Nutzen eines sogenannten „Gebärdennamens" ist in der DGS verbindlich. Der eigene Gebärdenname als Symbol hat mit der Persönlichkeit, mit Charaktereigenschaften, mit Vorlieben und dem Aussehen zu tun oder steht in Zusammenhang mit dem Nachnamen. Dabei kann auch ein Buchstabe aus dem Internationalen Fingeralphabet (FA/GMS) genutzt werden.

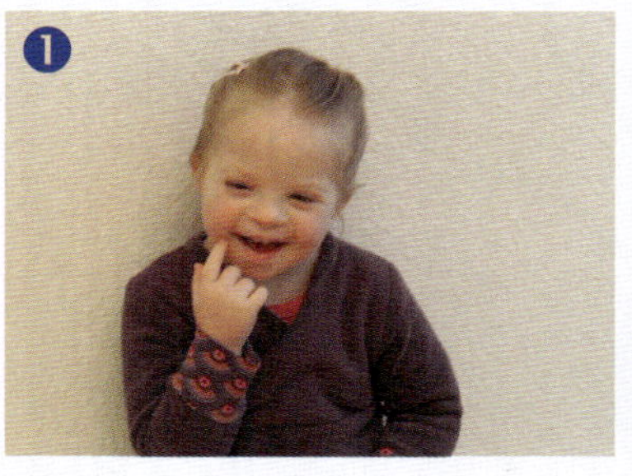

Abb. 19, 1–2: Gebärdenname

➊ 2x tippen an den rechten Mundwinkel steht für den Vornamen Sophia

➋ FA „H" steht für den Vornamen Heike

Für Menschen ohne oder ohne ausreichende Lautsprache dient die Deutsche Gebärdensprache als Lautsprachersatz. Die Nutzung der DGS ist dabei nicht zwingend auf den Bereich der Hörgeschädigten begrenzt.

Abb. 20, 1–6:

Beispielsatz: Deutsche Lautsprache: Heute Abend gehe ich ins Kino.

Deutsche Gebärdensprache (DGS)

dazugehörige Bewegungen:

Heute: Zeigefinger tippt 2x nach unten

Abend: Bewegung beider Hände parallel nach innen und unten

ich: auf sich selbst zeigen

index: den Ort festlegen

Kino: re Hand nach vorne drehen

besuchen: Bewegung in die Richtung, wo der (index) festgelegt wurde

3.2 Lautsprachbegleitende Gebärden (LBG)

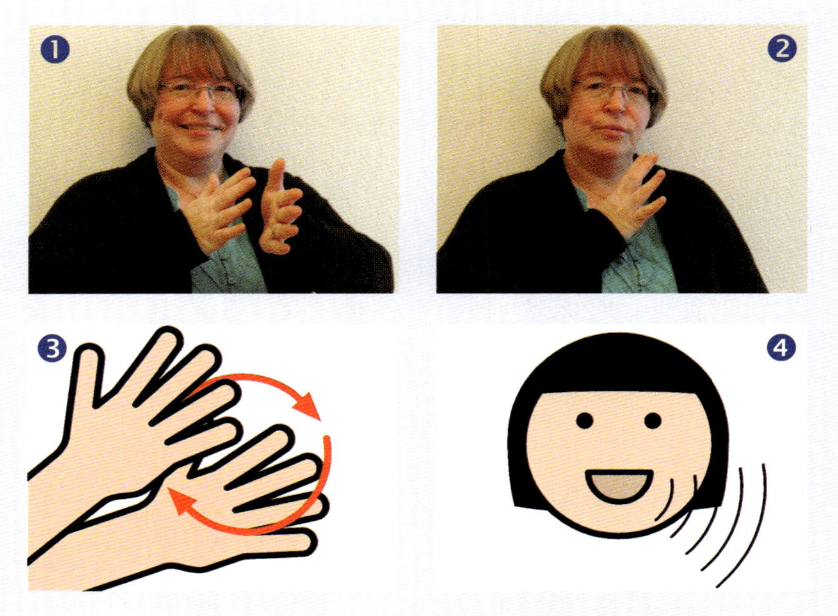

Abb. 21, 1–4: Ich gebärde lautsprachbegleitend.
❶ gebärden (Hände abwechselnd nach vorne drehen)
❷ sprechen (re Hand bewegt sich 2x nach vorne)
❸ gebärden, © Bildsystem A. Kitzinger, Metacom 7
❹ sprechen, © Bildsystem A. Kitzinger, Metacom 7

Beim System der lautsprachbegleitenden Gebärden (LBG) handelt es sich nicht um ein eigenständiges Sprachsystem. Aufbau und Struktur werden analog der deutschen Lautsprache (DLS) genutzt. Sätze werden demnach Wort für Wort gesprochen und gebärdet, d. h., die Lautsprache wird durch begleitende(s) Gebärden eins zu eins veranschaulicht. Das gilt auch für grammatische Strukturen, z. B. gebärdet man ein /e/ oder ein /st/ als Verbendung (wie z. B. bei „ich gehe – du gehst“) mit dem Internationalen Fingeralphabet (FA) bzw. Graphembestimmten Manualsystem (GMS).

LBG eignen sich eher nicht für Alltagsgespräche und in der Alltagskommunikation. Sie werden vielmehr eingesetzt, um gezielt und differenziert grammatische Strukturen der Lautsprache zu verdeutlichen. Als Unterstützung beim Lese- und

Rechtschreiberwerb stellen sie eine mögliche und hilfreiche Ergänzung dar. Auch die Nutzung von lautsprachbegleitenden Gebärden ist dabei nicht zwingend auf den Bereich der Hörgeschädigten begrenzt.

Abb. 22, 1–8: Beispielsatz: Deutsche Lautsprache: Heute Abend gehe ich ins Kino.
Lautsprachbegleitende Gebärden (LBG)

dazugehörige Bewegungen: s. Abb. 20 und folgende Bewegungen:
geh: re Zeigefinger und Mittelfinger führen Gehbewegung aus
alle anderen Bewegungen sind selbsterklärend

3.3 Lautsprachunterstützende Gebärden (LUG)

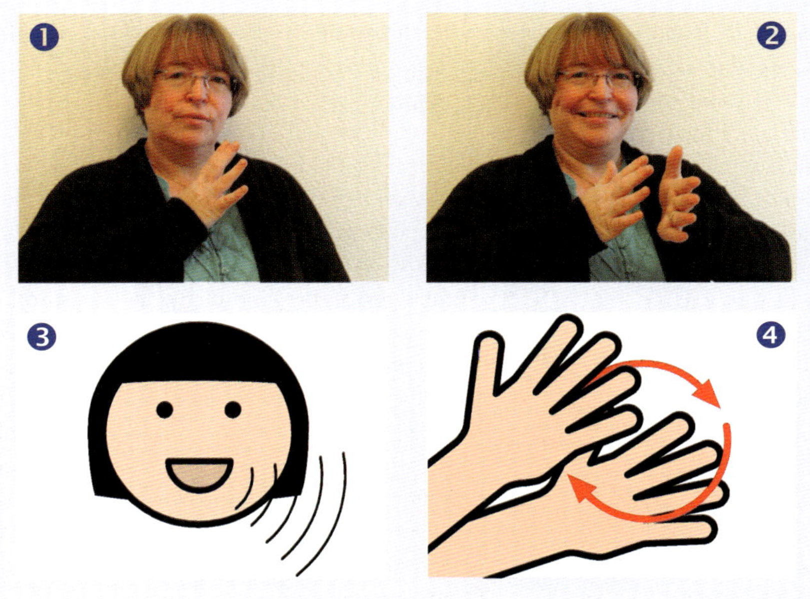

Abb. 23, 1–4: Ich spreche und gebärde.
➊ sprechen (re Hand bewegt sich 2x nach vorne)
➋ gebärden (Hände abwechselnd nach vorne drehen)
➌ sprechen, © Bildsystem A. Kitzinger, Metacom 7
➍ gebärden, © Bildsystem A. Kitzinger, Metacom 7

Bei der Benutzung von lautsprachunterstützenden Gebärden (LUG) werden parallel zur deutschen Lautsprache (DLS) bedeutungstragende Wörter oder Schlüsselwörter gebärdet. Dem Inhalt wird damit eine zentrale Rolle zugesprochen. Zu Beginn wird innerhalb eines gesprochenen Satzes i. d. R. genau ein Wort gebärdet. Dieses kann jedes beliebige Wort eines Satzes sein. Die Gebärden sind z. T. rhythmisch der DLS angepasst, enthalten aber keine Informationen über grammatische Formen. Zu einem späteren Zeitpunkt werden dann zwei oder drei Begriffe innerhalb eines Satzes visualisiert/gebärdet. Ziel ist, die LUG so lange unterstützend, d. h. vorübergehend parallel zur DLS, einzusetzen, bis die Lautsprachkompetenz sich so weit entwickelt hat, dass die Gebärden sich erübrigen. Damit übernehmen LUG eine sprachanbahnende Funktion und dienen als „Brücke“ in die Lautsprache.

Bei der Nutzung von lautsprachunterstützenden Gebärden macht es darüber hinaus Sinn, speziell ausgewählte gebärdensprachlich-grammatische Komponenten sowie die nonmanuellen Komponenten der DGS gezielt und systematisch zu ergänzen. Das hat verschiedene Vorteile: Zum einen kann das System der LUG bei Bedarf problemlos in Richtung DGS erweitert werden. Das wäre dann der Fall, wenn sich eine ausreichende Lautsprachkompetenz nicht oder nur bedingt einstellt. LUG dienen dann sozusagen als „Brücke“ in die DGS. Zum anderen schlummern im vollständigen System der DGS hilfreiche Elemente, die den Lautspracherwerb, d. h. das Sprachverstehen, aber auch die Sprachproduktion, unterstützen. Diese sind besonders bedeutsam für die frühe kommunikative Entwicklung, denn sie fördern und vereinfachen die eindeutige Zuordnung und die Verständlichkeit von Inhalten. Lautsprachliche Ausführungen sind im Gegensatz dazu eher komplex und folgen komplizierten grammatischen Regeln. Günstig ist auch, dass die gebärdensprachlich-grammatischen Komponenten sowie die nonmanuellen Komponenten der Deutschen Gebärdensprache unabhängig von der Nutzung eines bestimmten Gebärdensystems und/oder einer Gebärdensammlung angewendet werden können. Eine Ressource, die im Umgang mit Gebärden bisher eher selten genutzt wird.
Allemal erleichtern sie den Umgang und die Verständigung mit hörgeschädigten bzw. gehörlosen Menschen, z. B. in inklusiven Kontexten.

Abb. 24, 1–4:

Beispielsatz: Deutsche Lautsprache: Heute Abend gehe ich ins Kino.

Lautsprachunterstützende Gebärden (LUG)

a)

Heute Abend gehe ich ins Kino.

ODER

b)

Heute Abend gehe ich ins Kino.

ODER

c)

Heute Abend gehe ich ins Kino.

dazugehörige Bewegungen s. Abb. 20, 22

3.4 Taktile Gebärden

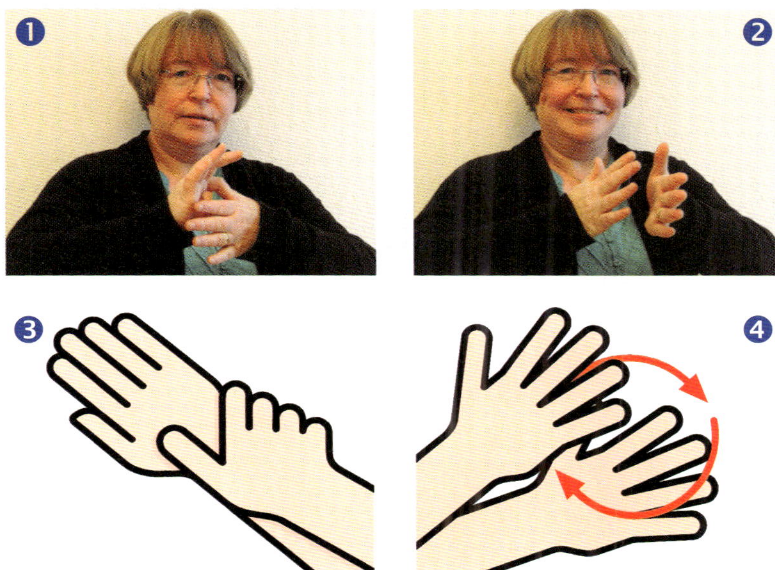

Abb. 25, 1–4: Ich gebärde taktil.

❶ taktil (re Hand umfasst hochkant stehende li Hand)

❷ gebärden (Hände abwechselnd nach vorne drehen)

❸ fühlen, © Bildsystem A. Kitzinger, Metacom 7

❹ gebärden, © Bildsystem A. Kitzinger, Metacom 7

Das Kommunizieren über taktile Gebärden bedeutet, dass der Empfänger einer Nachricht mit seinen Händen die gebärdensprachliche Äußerung des Senders erfühlt und ertastet (vgl. Kaiser-Mantel 2012).

Ursprünglich richten sich taktile Gebärden an taubblinde Menschen oder Menschen mit einer Hörsehbehinderung. Darüber hinaus profitieren auch blinde Menschen von taktilen Gebärden. Speziell für sehgeschädigte Kinder besteht die Möglichkeit, bei Bewegungsliedern und anderen Aktivitäten an den Bewegungen der anderen teilzuhaben, d. h. taktil mitzuerleben, was die anderen tun (Jakob & Pittroff 2009). Aber auch wahrnehmungsbeeinträchtigte und körper-

behinderte Menschen können von taktilen Gebärden profitieren, weil man über sie ein erstes und basales kommunikatives Miteinander gestalten kann.
Wenn die Namensgebärden nicht gesehen werden können, erfolgt die Unterscheidung von Personen über sogenannte „Personenzeichen", die am Handgelenk getragen werden, individuell gestaltet werden können und entsprechend unterschiedliche Fühlqualitäten aufweisen.

Abb. 26:
Personenzeichen: Armband

Es ist möglich, dass Gebärden, auch wenn sie im (angenommenen) Sehbereich einer Person angeboten werden, die Wahrnehmung und Verarbeitung nicht erreichen. Daher können taktile Gebärden auch bei sehenden Menschen mit einer Autismus-Spektrum-Störung, mit einer geistigen Behinderung und/oder einer Verarbeitungs- und/oder Wahrnehmungsstörung im visuellen und/oder motorischen Bereich eine große Rolle spielen und eine sinnvolle und erfolgreich anzuwendende Ergänzung zur Lautsprache darstellen: Der Sehsinn wird durch den Tastsinn erweitert, d. h., Bewegungsabfolgen werden zusätzlich taktil erfahren, sodass die Wahrnehmung der Gebärde und/oder die Nachahmung einer Gebärde günstig beeinflusst werden (vgl. Wiese & Rascher-Wolfring 2012). Dabei ist es enorm wichtig, sich (taktil) anzukündigen, (taktil) erreichbar zu sein und sich verlässlich (taktil) wieder zu verabschieden!
Vorrangiges Ziel ist die aktive kommunikative Rolle des Gesprächspartners zu stärken. Dazu stehen vier verschiedene Möglichkeiten zur Verfügung:

Gebärden unter der Hand

- Monologposition

Beim taktilen Gebärden <u>mit</u> Handwechsel (= Monologposition) gebärden beide Hände des Sprechers, während beide Hände des Zuhörers auf denen des Sprechers liegen. Bei einer Veränderung der Sprecher-Hörer-Situation wechseln beide Hände die Position.

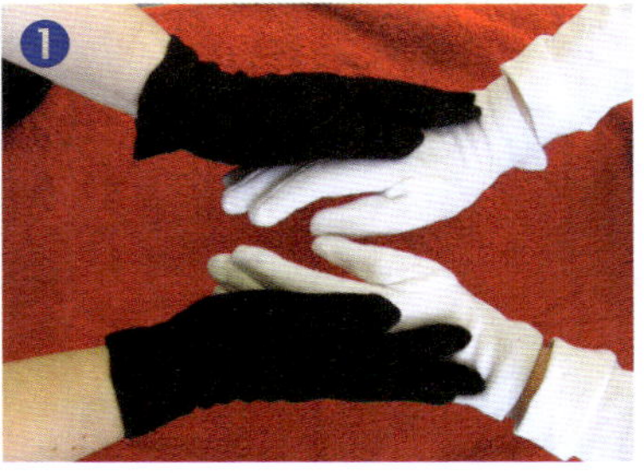

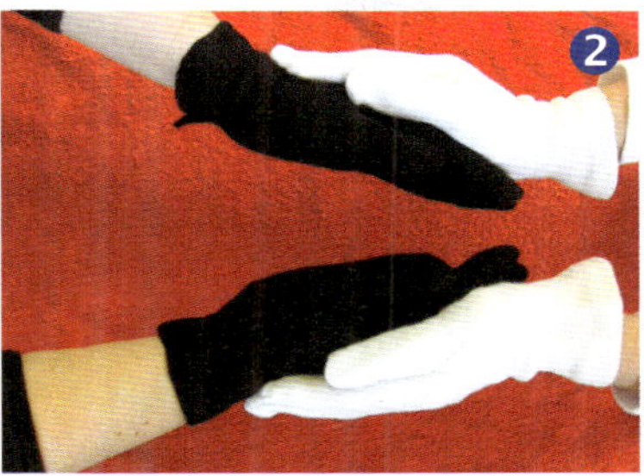

Abb. 27, 1–2:

❶ Die weißen Hände sind die Sprecherhände

❷ Die schwarzen Hände sind die Sprecherhände

■ Dialogposition

Taktiles Gebärden <u>ohne</u> Handwechsel (= Dialogposition) bedeutet, dass beide Kommunikationspartner jeweils eine Sprecher- und eine Hörerhand haben. Sie brauchen demnach bei einem Sprecher-Hörer-Wechsel keinen Handwechsel zu vollziehen, die Handpositionen werden beibehalten.

Abb. 27, 3:

❸ Jeder Sprecher hat eine Sprecher- und eine Hörerhand

Geführte Gebärden

Die Hände des Kommunikationspartners (= Mensch mit Handicap) werden beim Gebärden geführt. Man nimmt seine Hände und führt mit ihnen eine Gebärde aus. Auf diesem Weg wird das Erlernen einer befriedigenden und gleichberechtigten zwischenmenschlichen Kommunikation allerdings erschwert. Es gibt keine Möglichkeit zur Sprecher-Hörer-Reaktion oder aber diese kann nicht oder nur undeutlich wahrgenommen werden. Geführte Gebärden haben zur Folge, dass die Hände des Empfängers überwiegend passiv bleiben. Die Bedeutung einer Gebärde kann zudem nicht mit dem Gesprächspartner zusammen entwickelt werden, d. h., der Inhalt einer Gebärde ist schwerer zu „transportieren". Darüber hinaus wird die Eigeninitiative des Gesprächspartners eingeschränkt, letztendlich wenig bzw. gar nicht berücksichtigt. Es handelt sich also eher um ein „für den Betroffenen kommunizieren" als um ein „mit dem Betroffenen kommunizieren" (Hepp 2009).
Demnach haben geführte Gebärden nur unter ganz besonderen Voraussetzungen ihre Berechtigung und sollten eher vermieden bzw. wohlüberlegt eingesetzt werden.

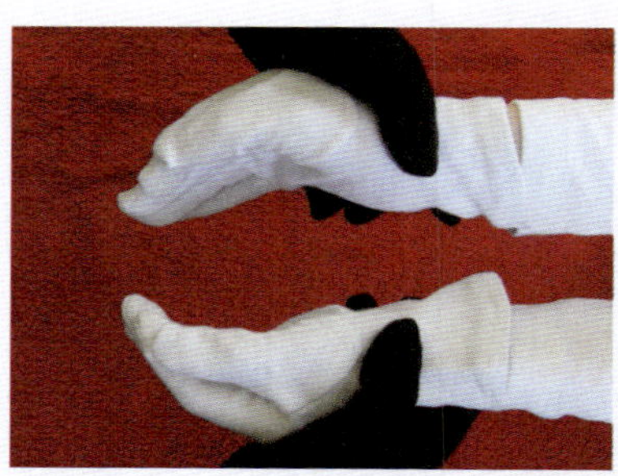

Abb. 28: Die schwarzen Hände führen die weißen Hände

on body signs (nach Mary Lee)

Der kompetentere Partner gleitet mit seinen Händen unter die Hände des Gesprächspartners und führt die zu erlernende Geste/Gebärde an dessen Körper aus. Die Händigkeit des Gesprächspartners sollte, wenn bekannt und möglich, unbedingt berücksichtigt werden. Diese Form beinhaltet i. d. R. engen Körperkontakt und dient der Verdeutlichung sowie der besseren Wahrnehmbarkeit von Bewegungsabläufen. Besonders bei jungen Kindern ist ein Einstieg über on body signs ausgesprochen erfolgreich. Der Bewegungsablauf, die Handform und die Handstellung eines Begriffes bleiben gleich, aber die Bewegung ist nun nicht mehr primär mit den Augen wahrnehmbar. Die Ausführungsstelle wechselt nämlich vom eigenen Körper an den Körper des Gesprächspartners, ist also fühlbar und damit für viele Menschen leichter wahrnehmbar und leichter erlernbar. Im fortgeschrittenen Stadium sollen die Gebärden dann möglichst selbstständig, d. h. ohne taktile Unterstützung, genutzt werden.

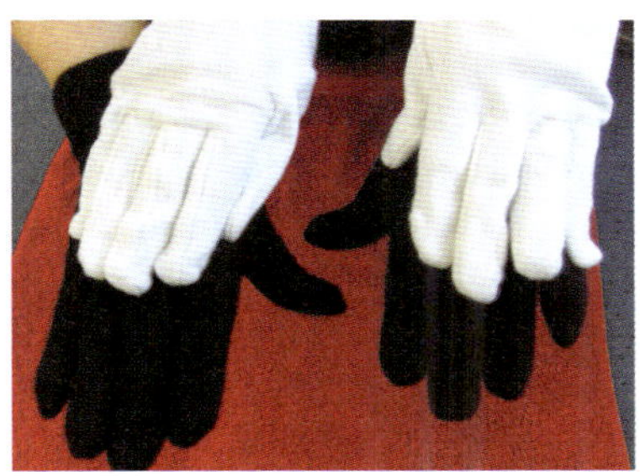

Abb. 29: Die schwarzen Hände sind die Sprecherhände

body signs/touch clues (nach Sandy Joint)

Die Gebärden werden ohne Kontakt der Hände direkt am bzw. auf dem Körper des Kommunikationspartners ausgeführt. Dadurch ist ebenfalls, zumindest vorübergehend oder ergänzend, die Möglichkeit der Verständigung gegeben. Allerdings sollte sichergestellt sein, dass sich der Kommunikationspartner auf den Ort und den Zeitpunkt der Berührung einstellen kann!

„Welche Position der Hände auch immer zu welcher Situation am besten passt, welche Form des taktilen Gebärdens den jeweiligen Anforderungen am ehesten gerecht wird – dies zu überprüfen und zu entscheiden kann nur dann gelingen, wenn die betreuenden Personen über alle Möglichkeiten informiert sind und diese Möglichkeiten auch entsprechend anwenden können" (vgl. Arbeitskreis Kommunikation mit hörsehbehinderten und taubblinden Menschen 2005, 7).

In der Arbeit mit taktilen Gebärden geht es zunächst um den Einstieg sowie um den ersten Aufbau einer verlässlichen und funktionierenden Kommunikation. In der Arbeit mit hör- und sehgeschädigten/taubblinden Menschen ergibt sich darüber hinaus ein weiteres Aufgabenfeld: Es ist dafür zu sorgen, dass die nicht-manuellen Anteile – Gesichtsmimik, Blickkontakt, Kopf- und Körperhaltung – im Berührungskontakt der Hände übertragen werden. Außerdem kann das System der taktilen Gebärden bei Bedarf als lautsprachersetzendes System in Zusammenarbeit mit dem Umfeld auf- und ausgebaut werden.

3.5 Handzeichen-/Manualsysteme

Handzeichen-/Manualsysteme dienen nicht primär kommunikativen Zwecken. Sie können in allen oben genannten Gebärdensystemen als erklärendes und ergänzendes Element eingesetzt werden. Ansonsten unterstützen sie die Bereiche Aussprache und Schriftspracherwerb und sind dort unter dem Namen Lautgesten bekannt (vgl. Kap. 1.3).

3.5.1 Das Internationale Fingeralphabet/das Graphembestimmte Manualsystem

Das Internationale Fingeralphabet (FA) oder Graphembestimmte Manualsystem (GMS) hat sich in der Arbeit mit Hörgeschädigten etabliert, sollte und muss aber nicht auf diesen Personenkreis begrenzt bleiben.

Jedes Handzeichen steht für einen Buchstaben und bietet so die Möglichkeit, manuell etwas zu „fingern“ (= zu buchstabieren). Damit ist das FA/GMS vergleichbar mit dem Alphabet der DLS. Es ist zudem fester Bestandteil der DGS.
Besonders beim Nennen seines Namens, bei unbekannten Fremdwörtern, Städten und Ländern (falls keine Gebärde bekannt ist) wird das Internationale Fingeralphabet eingesetzt. Außerdem ist es hilfreich, um Namen von Abkürzungen, Produkten und Marken wiederzugeben.
Auch beim Schriftspracherwerb kann das FA/GMS eine wichtige Rolle übernehmen. So kann ein bestimmtes Handzeichen als Repräsentant für ein Wort genutzt werden, z. B. steht /r/ für „der“, /i/ für „die“ und /s/ für „das“ (vgl. Kaiser-Mantel 2012). Man kann aber nicht nur die Buchstaben, sondern auch das gesamte Wort und bei Bedarf ganze Sätze abbilden. Dabei wird die Hand in Schreibrichtung nach rechts bewegt und gibt damit auch den visuellen Eindruck eines Wortes/Satzes wieder.

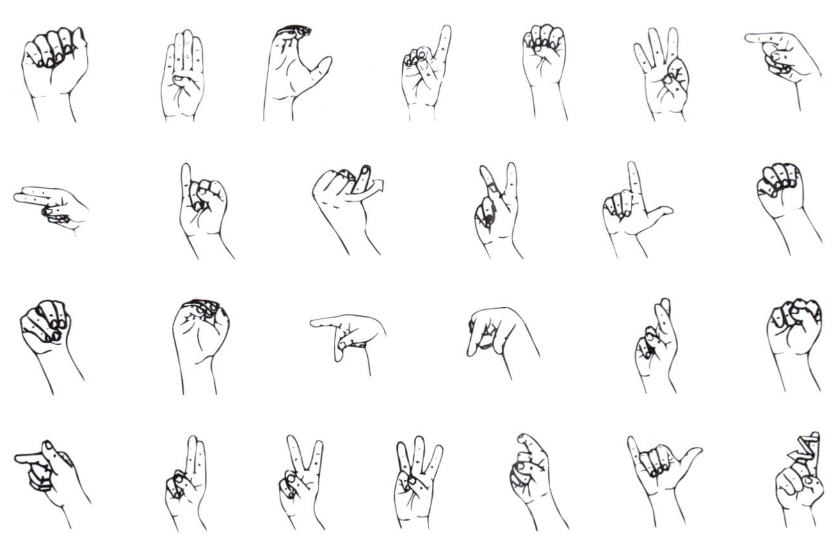

Abb. 30: Das Fingeralphabet (FA) / das Graphembestimmte Manualsystem (GMS) der Buchstaben A-Z. Quelle: Schriftart GMS

3.5.2 Das Phonembestimmte Manualsystem

Das Phonembestimmte Manualsystem (PMS) stammt ursprünglich aus der Arbeit mit Hörgeschädigten, wird aber auch bei Kindern ohne Hörschädigungen erfolgreich eingesetzt.

Entsprechend repräsentiert das PMS die Bildung eines Sprechlautes (Phonem) durch ein bestimmtes Handzeichen, d. h., das PMS hat die Funktion einer Artikulations- und Sprechgliederungshilfe übernommen. Lippen-, Kiefer- und Zungenstellung sowie der Ort der Lautbildung und die stimmhafte bzw. stimmlose Bildung werden unterschiedlich dargestellt.

Daraus entstanden sind die Handzeichen „PMS VEDiT". Diese Form des PMS ist speziell für Menschen mit einer verbalen Entwicklungsdyspraxie (VED) konzipiert. Einige PMS-Zeichen sind verändert.

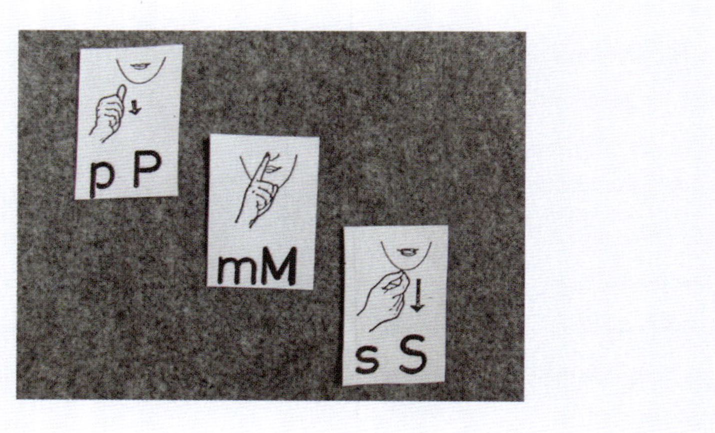

Abb. 31: Das Phonembestimmte Manualsystem (PMS)
Quelle: Schulte, K. (1974): Phonembestimmtes Manualsystem. Villingen: Neckar Verlag – mit freundlicher Genehmigung des Verlags

3.5.3 Lormen

Das Lorm-Alphabet als Verständigungsmittel für Taubblinde hat sich besonders in Deutschland etabliert. Die Lorm-Zeichen sind wie das Alphabet der Lautsprache und das Fingeralphabet der Gebärdensprache ein Buchstabensystem. Für schriftsprachkompetente Menschen ist es relativ leicht erlernbar. Es stellt jedoch hohe kognitive Anforderungen und ist dadurch als Kommunikationssystem nicht für alle Personen mit Sinnesbehinderung geeignet. Besonders hilfreich unterstützt es spät erblindete Gehörlose oder Menschen mit einer spät erworbenen Taubblindheit.

Gelormt wird in die linke (in Ausnahmefällen in die rechte) Hand des Empfängers. Die einzelnen Buchstaben werden auf den Fingern und der Handfläche mit Berührungen dargestellt. Gemäß dem vorgegebenen Lorm-Alphabet werden die jeweils betreffenden Punkte bzw. Orte der Handfläche mit dem Finger des „Senders“ angetippt oder überstrichen bzw. die entsprechenden Finger gemeinsam umfasst. Wortenden werden durch einen leichten Schlag in die Handfläche signalisiert.

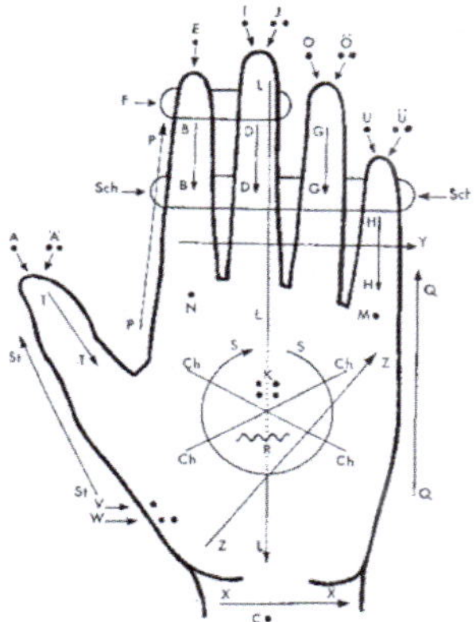

Abb. 32: Das Lorm-Alphabet
Quelle: Wikipedia https://de.wikipedia.org8/wiki/Lormen
[letzter Zugriff: online 08.05.2016, von Flappiefh - [1], CC BY-SA 3.0, https://commons.wikimedia.org/w/index.php?curid=19775757]

ZUSAMMENFASSUNG

Der Einsatz von Gebärden gewinnt in den letzten Jahren immer mehr an Bedeutung. Dabei stehen die deutsche Lautsprache (DLS) und die Deutsche Gebärdensprache (DGS) als eigenständige Systeme neben weiteren nicht eigenständigen Systemen wie lautsprachbegleitenden Gebärden (LBG), lautsprachunterstützenden Gebärden (LUG) und taktilen Gebärden.
Alle Systeme sind in unterschiedlichen Zusammenhängen und in Bezug auf unterschiedliche Zielgruppen mit ihren jeweils besonderen und verschiedenartigen Kommunikationsbedingungen gleichberechtigt einsetzbar.
Welches dieser Gebärdensysteme letztendlich genutzt wird und ob es mit Handzeichen-/Manualsystemen oder Lautgesten ergänzt wird, hängt von den individuellen, kommunikativen Bedürfnissen des Nutzers und den Möglichkeiten des Umfeldes ab. Die Möglichkeiten und Bedürfnisse des Nutzers können über eine spezifisch sprachtherapeutische Diagnostik erfasst und transparent gemacht werden. Die Übergänge zwischen den Systemen sind letztendlich offen. Entsprechend dem Bedarf und den Zielsetzungen (= entwicklungsbedingten Veränderungen) können sie unterschiedlich gestaltet werden.

Letztendlich werden drei Funktionen im Umgang mit Gebärden unterschieden. Gebärden

- in sprach*ersetzender* Funktion: DGS, taktile Gebärden
- in sprach*unterstützender* Funktion: LBG, LUG, taktile Gebärden werden parallel zur DLS, ggf. in Kombination mit der Schriftsprache, eingesetzt
- in sprach*anbahnender* Funktion: DGS, LUG, taktile Gebärden werden parallel, aber zeitlich begrenzt und damit übergangsweise als „Brücke" in die DLS eingesetzt.

Welche Funktion die Gebärden bei einer Person letztendlich übernehmen, ist zu Beginn einer Intervention oder einer Beratung oft noch nicht genau absehbar. Kenntnisse und Fähigkeiten bezüglich der oben genannten Systeme sollten demnach bei allen Benutzern in ausreichendem Maße vorhanden sein. Damit wird sichergestellt, dass das für die zu betreuenden Personen aktuell geeignete System herausgefunden wird und ein Wechsel je nach kommunikativen und sprachlichen Möglichkeiten und Entwicklungen problemlos möglich ist.

Gebärden- und Handzeichensysteme als Unterstützung in der Sprach- und Kommunikationsförderung – praktisches Vorgehen

In der konkreten Umsetzung im Umgang mit Gebärden sind verschiedene Inhalte abzustimmen und unter Einbezug des Umfeldes entsprechende Entscheidungen zu treffen. Diese Aufgaben umfassen im Einzelnen:

- die Durchführung einer spezifisch kommunikations- und gebärdenorientierten und/oder sprachtherapeutischen Diagnostik;
- die Entscheidung für ein individuell passendes Gebärdensystem und/oder Handzeichen-/Manualsystem/Lautgesten, die die aktuellen Möglichkeiten der betroffenen Person berücksichtigen;
- die Entscheidung für das Nutzen einer Gebärdensammlung in Orientierung an den Bedürfnissen aller Betroffenen und den Gegebenheiten vor Ort;
- das Finden und Absprechen von kommunikativ relevanten Begrifflichkeiten;
- das Einbinden dieser Begriffe und ggf. sprachlicher Strukturen in alltagsrelevante Kommunikationssituationen, und zwar in Kooperation mit dem Umfeld der betroffenen Person;
- die Dokumentation der Ergebnisse und Absprachen.

4.1 Welche Gebärden sind die richtigen für die betroffene Person?

4.1.1 Erfassen der Bedürfnisse und der motorischen, sensorischen und sprachlichen Fähigkeiten

Wie werden Bedürfnisse und Fähigkeiten eigentlich erfasst? Und durch wen? Wie wird der Begriff „Diagnostik“ definiert und welche Verfahren eignen sich besonders für die Frage nach dem kommunikativen sowie sprachlichen Entwicklungsstand? Welche Rolle spielen dabei Gesten und Gebärden?

Der Begriff „Diagnostik“ stammt aus dem Griechischen und meint „durch und durch erkennen“ oder „Erkenntnis“. Es gilt zu berücksichtigen, dass unterschiedliche Berufsgruppen ein unterschiedliches Verständnis von Diagnostik und deren Durchführung haben. So unterscheiden sich verschiedene (heil-)pädagogisch orientierte Diagnostiken deutlich von einer standardisierten, spezifisch sprachtherapeutischen Diagnostik.

Im Zusammenhang mit Diagnostik geht es neben der Einschätzung des aktuellen kommunikativen und sprachlichen Entwicklungsstandes um:

- die Einschätzung des Ausmaßes der Verzögerung
- das Einschätzen von Stärken und Schwächen
- die Empfehlung und/oder Festlegung von Therapiezielen und Formen der UK
- die Dokumentation eines Entwicklungsverlaufs
- die Evaluation
- die Reduzierung von Über- und Unterversorgung (vgl. Aktas 2012; Liehs 2014; Liehs & Marks 2014).

Um diese Aufgaben leisten zu können, stehen verschiedene Methoden und Materialien zur Verfügung: standardisierte Tests, Fragebögen, Beobachtungen, Interviews/mündliche Befragungen/Gespräche und/oder Screenings.

Eine fundierte Diagnostik nutzt grundsätzlich Informationen aus mehreren Methoden und bespricht diese im Rahmen von Round-Table-Gesprächen. Damit ist auch die Absicherung der Erkenntnisse gewährleistet. Für eine fundierte Diagnostik ist die Einschätzung der Eltern/Bezugspersonen durch Fragebögen, Beobachtungsbögen und Checklisten ebenfalls von besonderer Bedeutung. Dieses gilt ganz besonders für junge Kinder bzw. Menschen mit niedrigem Kompetenzniveau. Soweit möglich, sollten die Ergebnisse durch Aufnahmen per Video ergänzt werden. Erst ab einem Entwicklungsalter von 2 Jahren ist der Einsatz von standardisierten Sprachentwicklungstests möglich. „Immer dann, wenn die Intelligenz von Kindern gemindert ist, lässt sich vom chronologischen Alter ausgehend keine Prognose für die sprachlichen Fähigkeiten stellen“ (Sachse 2015, 217). Von asynchronen Kompetenzprofilen ist auszugehen.

Aufgabe des Diagnostikers ist es demnach, für die Person geeignete Verfahren (hier: im Zusammenhang mit Gebärden) auszuwählen, die erhobenen Daten zusammenzutragen und auszuwerten, d. h. theoriegeleitet zu interpretieren. Die spezifisch (gebärden-)sprachtherapeutische Diagnostik berücksichtigt dabei alle sprachlich relevanten Ebenen inklusive der vorsprachlichen und kommunikativen Entwicklung.

Auf der Grundlage der Ergebnisse erstellt der Sprachtherapeut – oder eine Person aus Berufsgruppen mit entsprechender Qualifikation (z. B. UK-Coach, Lehrgang Unterstützte Kommunikation) – einen Vorschlag für die Nutzung eines Gebärdensystems und einer Gebärdensammlung sowie für die kommunikativen Funktionen/sprachlichen Bereiche, die gefördert, unterstützt oder therapiert werden sollen. Entsprechende Therapie- und/oder Förderschwerpunkte werden abgesprochen, festlegt und konkreten Förderzielen zugeordnet. Dieses gelingt immer dann besonders gut, wenn es gemeinsam mit dem Umfeld geschieht.

Neben einem guten Methodenrepertoire sind Fachkenntnisse zum regelkonformen bzw. abweichenden Spracherwerb, zur Kommunikationsentwicklung sowie zu spezifischen Syndromen und Störungsbildern unbedingt erforderlich. Darüber hinaus sollten gute bis sehr gute gebärdensprachliche Kompetenzen beim Diagnostiker vorhanden sein.

Skalen zur **vorsprachlichen Entwicklung** finden sich in standardisierten Fragebögen gelegentlich wieder. Der Bereich der Gesten/Gebärden ist dabei vereinzelt, aber nicht umfassend vertreten und sollte durch ergänzende Instrumente, die speziell die Kommunikationsentwicklung abbilden, unbedingt erweitert werden. Für den vorsprachlichen Bereich haben sich u. a. folgende Materialien bewährt:

- die Checklist of Communication Competencies (Triple C-Checkliste)
- das Communicatieve Ontwikkeling van niet-sprekende kinderen en hun Communicatie Partners (COCP; übersetzt: Kommunikative Entwicklung von nicht sprechenden Kindern und ihre Kommunikationspartner (Heim et al. 2010; Weid-Goldschmidt 2013).

Die Triple C-Checkliste wurde durch Karen Bloomberg und Denise West 1999 in Australien entwickelt und liegt seit 2009 in einer überarbeiteten Form vor. Die Übersetzung von Ursula Braun und Ursi Kristen 2006 in einer leicht adaptierten Version macht den Einsatz hier in Deutschland möglich.

Mit der Triple C-Checkliste können die kommunikativen Kompetenzen von Menschen (Kindern, Jugendlichen, Erwachsenen) mit komplexen Behinderungen/Handicaps beschrieben und sechs kommunikativen Stadien zugeordnet werden. Diese betreffen die präintentionale Stufe (präintentional reflexiv, präintentional reaktiv, präintentional proaktiv) und die intentionale Stufe (intentional informell, intentional formal, intentional referentiell).
Der Wert dieser Checkliste betrifft den Übergang von der vorintentionalen, ungezielten Kommunikation zur intentional gezielten, partnerbezogenen Kommunikation. Dieser Übergang ist besonders für den Bereich der Gesten/Gebärden

von besonders großer Bedeutung, denn diese können erst dann expressiv gezielt entwickelt und vermittelt werden, wenn die betreffende Person die intentionale Stufe der kommunikativen Entwicklung erreicht hat.
Die Triple C-Checkliste ist kein Planungsinstrument, sondern ausschließlich zur Einschätzung von Fähigkeiten gedacht. Dabei geht es besonders um die Fähigkeiten und Kompetenzen von Personen, die (noch) nicht intentional kommunizieren.

Als Diagnostikmethode für den Bereich Pragmatik bietet sich darüber hinaus das COCP („Communicatieve Ontwikkeling van niet-sprekende kinderen en hun Communicatiepartners") an. Das Programm „Kommunikative Entwicklung von nicht sprechenden Kindern und ihren Kommunikationspartnern" ist ursprünglich eine von Heim, Jonker und Veen in den Niederlanden entwickelte Übersicht, die sich sowohl an unterstützt sprechende Kinder als auch an deren Bezugspersonen richtet. Darüber hinaus ist das COCP übertragbar auf die Arbeit mit Jugendlichen und Erwachsenen. Eine Nutzung für das diagnostische Handeln im sprachtherapeutisch/logopädischen Bereich ist möglich (vgl. Heim et al. 2010; Nonn 2011; Braun 2012b; Kristen 2012; Weid-Goldschmidt 2013).

Im COCP-Beobachtungsbogen sind hier zur besseren Übersicht Kommunikationsformen und -funktionen in einer Tabelle zusammengefügt. Damit kann ein erstes Entwicklungsprofil erstellt werden, welches für diagnostische Zwecke mit Gesten und Gebärden besonders hilfreich ist, weil die dafür bedeutsamen Teilaspekte/Kommunikationsformen fokussiert werden können (vgl. Kap. 2.4 Unterstützte Kommunikation – Vorteile des Gebärdeneinsatzes zur Sprach- und Kommunikationsförderung).

Die wichtigen Kommunikationsformen im Bereich Gesten/Gebärden sind:
- Mimik/Gesichtsausdruck
- die Körperbewegung/Körperhaltung
- die Blickrichtung/Blicke
- das Zeigen
- Gesten
- Gebärden

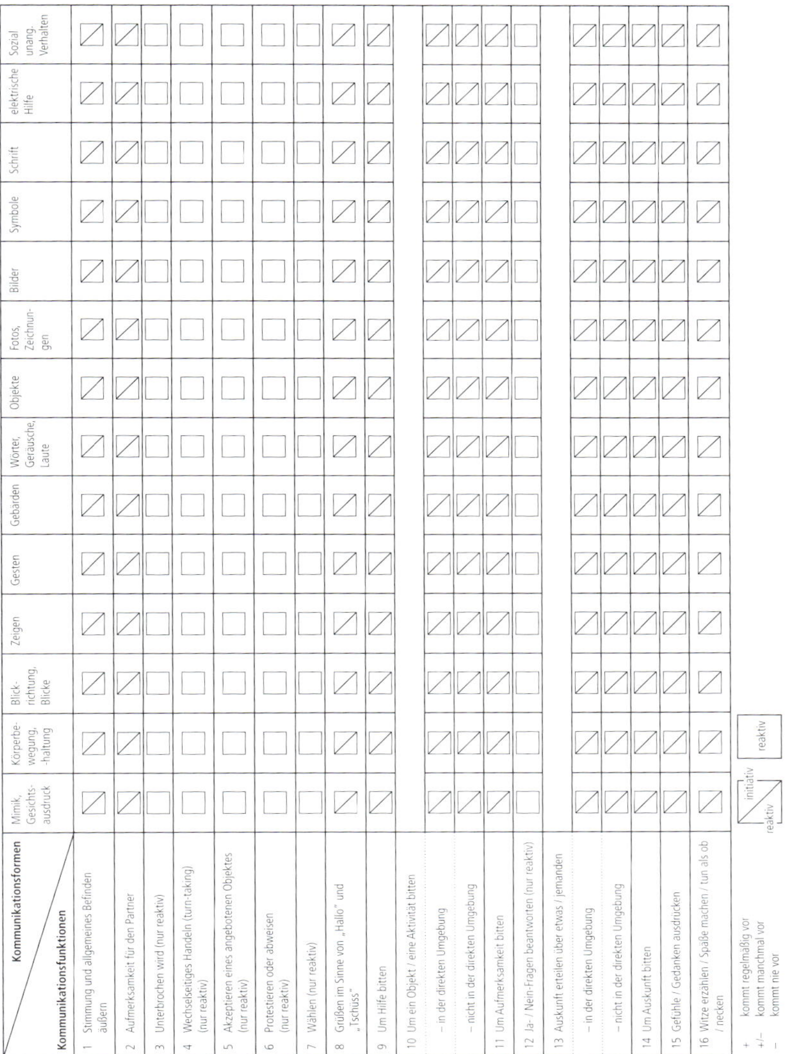

Kommunikationsformen / Kommunikationsfunktionen	Mimik, Gesichtsausdruck	Körperbewegung, -haltung	Blickrichtung, Blicke	Zeigen	Gesten	Gebärden	Wörter, Geräusche, Laute	Objekte	Fotos, Zeichnungen	Bilder	Symbole	Schrift	elektrische Hilfe	Sozial unang. Verhalten
1 Stimmung und allgemeines Befinden äußern														
2 Aufmerksamkeit für den Partner														
3 Unterbrochen wird (nur reaktiv)														
4 Wechselseitiges Handeln (turn-taking) (nur reaktiv)														
5 Akzeptieren eines angebotenen Objektes (nur reaktiv)														
6 Protestieren oder abweisen (nur reaktiv)														
7 Wählen (nur reaktiv)														
8 Grüßen im Sinne von „Hallo" und „Tschüss"														
9 Um Hilfe bitten														
10 Um ein Objekt / eine Aktivität bitten														
– in der direkten Umgebung														
– nicht in der direkten Umgebung														
11 Um Aufmerksamkeit bitten														
12 Ja- / Nein-Fragen beantworten (nur reaktiv)														
13 Auskunft erteilen über etwas / jemanden														
– in der direkten Umgebung														
– nicht in der direkten Umgebung														
14 Um Auskunft bitten														
15 Gefühle / Gedanken ausdrücken														
16 Witze erzählen / Späße machen / tun als ob / necken														

+ kommt regelmäßig vor
+/– kommt manchmal vor
– kommt nie vor

initiativ / reaktiv — reaktiv

Abb. 33: Die Tabelle „Kommunikationsformen/Kommunikationsfunktionen" basiert auf dem Formular „Kommunikationsuntersuchung: Funktionen und Formen", erschienen in Bärbel Weid-Goldschmidt: Zielgruppen Unterstützter Kommunikation. Fähigkeiten einschätzen – Unterstützung gestalten. von Loeper Literaturverlag, Karlsruhe 2013. Das Formular ist eine in einigen Punkten modifizierte Übersetzung nach Heim/Jonker/Veen 2006 und Heim/Veen/Velthausz 2010 (siehe Literaturverzeichnis). © Birgit Appelbaum

Sobald stimmliche, lautliche Äußerungen oder Wörter produziert werden, die einen Übergang von der vorsprachlichen in die (laut-/gebärden-)sprachliche Ebene kennzeichnen, sollte diese Entwicklung dokumentiert werden.
Da zu Beginn der laut- und/oder gebärdensprachlichen Entwicklung die Menge an anzukreuzenden Äußerungen gering ist, hat es sich bewährt, Wortschatzlisten mehr oder weniger frei zu erstellen und ausschließlich **expressive** Äußerungen in einer Tabelle zu notieren. Wenn diese nach gebärden- bzw. lautsprachlichen Äußerungen sowie nach Wortarten differenziert aufgelistet werden, kann man den Zuwachs und die Qualität der laut- und/oder gebärdensprachlichen Entwicklung sehr gut verfolgen und ablesen (s. Abb. 34). Umfangreiche, standardisierte Fragebögen in Form von Wortschatzlisten (s. u.) sollten je nach Entwicklungsstand des Kindes ggf. zu einem späteren Zeitpunkt ausgegeben werden, denn der Frust von Eltern ist (verständlicherweise!) hoch, wenn sie auf einem Fragebogen mit 100 bis 200 Items aktuell fünf Begriffe ankreuzen können!

Mit dem Poster „Kommunikation einschätzen und unterstützen" von Irene Leber[1] ([5]2014) steht ein geeignetes Screeninginstrument zur Verfügung. Neben der Einschätzung von kommunikativen Prozessen sowie der Zuordnung zu förderdiagnostischen Fragestellungen bzw. kommunikativen Funktionen werden praktische Vorschläge direkt zugeordnet. Neben Objekten, grafischen Symbolen und technischen Hilfsmitteln werden auch Vorschläge zu „Laute, Bewegungen, Handzeichen, Gebärden" gemacht. Dies bietet eine sehr nützliche und effektive Orientierungsmöglichkeit.

Videoaufnahmen ergänzen die diagnostischen Möglichkeiten besonders für den Bereich Gesten/Gebärden, da gestische und mimische Kommunikation schnell erfolgt und damit in der jeweiligen Situation möglicherweise nicht oder nicht adäquat wahrgenommen wird. Videosequenzen, die immer wieder angeschaut werden können, helfen zum einen, die eigene Wahrnehmung zu schulen, und beugen zum anderen Interpretationsfehlern vor. Im Kontext von UK reagieren Menschen manchmal extrem verzögert, z. T. erst nach Minuten. Auch hier können Videoaufnahmen helfen, diesen Sachverhalt überhaupt zu bemerken.

1 Sie finden das Poster und dazugehörige Fragebögen unter www.von Loeper.de/Kommunikationsposter, Abbildung im Großformat unter folgendem Link: http://www.vonloeper.de/Kommunikationsposter/download.shtml.

Bitte beachten:
Schreiben Sie – nur auf, was die Person von sich aus äußert und die
– Wörter so auf, wie sie ausgesprochen wurden, z. B. „lala" = Banane.
Notieren Sie ggfls. die Bedeutung der Wörter

DGS Substantive / Namen		**Verben**		**Adjektive**		**Sonstiges, z. B. Kernvokabular ...**	
Datum	Geste / Gebärde	Datum	Geste/ Gebärde	Datum	Geste/ Gebärde	Datum	Geste/ Gebärde
DLS Substantive / Namen		**Verben**		**Adjektive**		**Sonstiges, z. B. Vokalisation, Kernvokabular ...**	
Datum	Wort	Datum	Wort	Datum	Wort	Datum	Wort

Abb. 34: Dokumentation Gesten/Gebärden bzw. stimmliche/lautsprachliche Äußerungen

Außerdem ist es möglich, durch Adaption vorhandener spezifischer Diagnostikverfahren zur Erfassung linguistischer Fähigkeiten, die Kompetenzen im Bereich Gesten/Gebärden zu diagnostizieren. In den Ausführungen von Maren Aktas (2012) werden dazu z. B. die standardisierten Verfahren (ELFRA-1, ELFRA-2, SETK-2 und SETK 3-5) so miteinander kombiniert, dass eine eindeutige Aussage zum Gesten-, Gebärden- und Sprachrepertoire gemacht werden kann.
Letztendlich ist entscheidend, die Möglichkeiten und Vorteile, aber auch die Grenzen auszubalancieren.

4.1.2 Entscheidung für eine Gebärdensammlung

Die Frage nach der geeigneten Gebärdensammlung ist vielschichtig und oft schwierig. Es stehen diverse Sammlungen zur Verfügung, die sich im Laufe der Jahre in den unterschiedlichen Regionen Deutschlands und auf der Grundlage sehr unterschiedlicher Interessen und Bedürfnisse, auch innerhalb einer Institution, entwickelt haben. Daher sind die Ausführung und die Darstellung innerhalb der Gebärdensammlungen auch sehr unterschiedlich. Es ist mühsam und wenig zielführend, über die Vor- und Nachteile einer bestimmten Gebärdensammlung zu diskutieren. Vielmehr scheint es gewinnbringend, im Sinne des zukünftigen Nutzers folgende Fragen zu beantworten und als Entscheidungsgrundlage für eine Gebärdensammlung zu nutzen:

Ist die Anzahl der Gebärden ausreichend?

Zu Beginn einer Intervention ist es i. d. R. nicht absehbar, ob Gebärden langfristig oder eher kurzfristig genutzt werden und ob sie eine sprachunterstützende, sprachersetzende oder sprachanbahnende Funktion übernehmen.
Darüber hinaus ist ebenfalls oft unklar, ob ein Gebärdensystem sich langfristig für die Person etablieren wird, und wenn ja, welches. Die unterschiedlichen Gebärdensysteme sind grundsätzlich durchlässig und lassen sich im Verlauf von Entwicklungen problemlos nutzerorientiert variieren. Das schnelle Variieren/Austauschen einer Gebärdensammlung ist dagegen eher nicht möglich.
Demnach macht es Sinn, eine entsprechend umfangreiche Gebärdensammlung auszuwählen, die für die Nutzerin/den Nutzer alle Wege offen lässt.

Sind die für die Personen geeigneten Gebärden vorhanden?

Jugendliche und Erwachsene benötigen zu einem großen Teil ein anderes Vokabular als Kinder. Daher sollte bei der Auswahl der Gebärdensammlung nicht ausschließlich nach kindgerechten Begriffen geschaut werden, sondern auch die Möglichkeit, Begriffe der Jugend- oder Erwachsenensprache zu integrieren, in Betracht gezogen werden.
Das Wechseln von einer Gebärdensammlung auf eine andere gestaltet sich für den hier angesprochenen Personenkreis grundsätzlich schwierig. Menschen mit Handicap sind oft nicht in der Lage, schnell und „mal eben" neue oder andere Bewegungen (= Gebärden) zu erlernen.

Sind die Gebärden von der Person ausführbar?
Diese Frage stellt sich zunehmend weniger, da über die taktilen Gebärden auch Menschen mit starken motorischen Einschränkungen und/oder Handicaps im Wahrnehmungsbereich Gebärden erlernen können.
Die entscheidende Frage lautet vielmehr: Wie viele und welche Gebärden soll die betreffende Person lernen und für welche Kommunikationssituationen? Eine Erweiterung im Sinne eines multimodalen Kommunikationssystems sollte dabei immer im Blick bleiben.

Sind die Nachschlagewerke praktikabel?

- ... für die Personen, die die Arbeitsmaterialien für die Nutzer individuell zusammenstellen?
  Das Suchen von Gebärden in einer Karteikartensammlung ist zeitlich sehr aufwendig. Bei Gebärdensammlungen mit einem geringen Wortschatzangebot kommt außerdem hinzu, dass das gesuchte Wort möglicherweise gar nicht existiert! Damit wird ein Kommunikationserfolg aus zeitlicher und inhaltlicher Sicht deutlich behindert. Das Suchen nach Gebärden auf Videos, auf DVD oder als App erscheint da geeigneter.

- ... für die Bezugspersonen und die Personen mit Handicap, die Gebärden erlernen wollen?
  Neben einem möglichst umfangreichen Vokabelangebot ist das Lernen von Gebärden über einheitliche Videos auf DVD und/oder über Apps für erwachsene Bezugspersonen sinnvoll. Hierbei entfällt oder verringert sich zumindest der Fehlerquotient in Bezug auf die Interpretation von Pfeilen bei Gebärdenbildern auf Fotos oder Papier und die damit häufig verbundene fehlerhafte Umsetzung der Gebärden in Bewegung. Über die neuen technischen Medien ergeben sich gute Chancen, diese Probleme merklich zu reduzieren!
  Die Möglichkeiten für Kinder, Jugendliche und Erwachsene mit Handicap, Gebärden über geeignete Materialien zu erlernen, vielleicht sogar die gewünschte Gebärde eigenständig zu suchen und zu finden, stehen aktuell noch selten bis gar nicht zur Verfügung. Immerhin etablieren sich im Rahmen der Deutschen Gebärdensprache zunehmend Angebote für Kinder in Form von Bilderbüchern, Filmen, Kindernachrichten oder über Materialien zu aktuellen Themen (z. B. Fußball-EM).

- ... für den Gebrauch innerhalb einer Institution und institutionsübergreifend?
  Über die Arbeit mit DVDs und Videos per App sowie das Einbeziehen der aktuellen, technischen Möglichkeiten können Vernetzungen innerhalb von Einrichtungen eingerichtet werden. Dies kann zudem die Möglichkeit erleichtern, für alle Bezugspersonen identische Materialien leicht abrufbar zur Verfügung zu stellen. So ergibt sich ein schneller und einheitlicher Zugriff auf die gewünschten Gebärdenvideos. Der Preis für die zu erwerbenden Materialien sollte im finanziellen Rahmen einer Institution liegen.

Welche Gebärdensammlungen werden in den beteiligten Einrichtungen verwendet?
Es macht Sinn, sich mit benachbarten Institutionen (Kindergärten, Schulen, Heimen, Betreuenden Werkstätten ...) auf eine Gebärdensammlung zu einigen. Das ist nicht immer leicht! Es sollte unbedingt gewährleistet sein, dass die Menschen mit Handicap Gebärden nicht umlernen müssen, auch nicht, wenn sie die Institution wechseln. Optimal ist, wenn eine Gebärdensammlung einheitlich und problemlos von der Zeit der Frühförderung, über die Kindergarten- und Schulzeit sowie darüber hinaus genutzt werden kann. Im Zeitalter von Inklusion unterstützt das außerdem die Möglichkeit, dass sich Menschen mit der Deutschen Gebärdensprache als Muttersprache problemlos mit anderen Personen über Gebärden unterhalten und austauschen könn(t)en!

Nichtsdestotrotz: Die Nutzung egal welcher Gebärdensammlung hat ihre Berechtigung und immer sowohl Vor- als auch Nachteile. Es gilt die o. g. Punkte sorgfältig auf die jeweilige Situation vor Ort auszubalancieren und eine Lösung herbeizuführen, die für die Nutzung von Gebärden für alle Beteiligten günstig und akzeptabel erscheint. Die ohnehin schon erschwerten Kommunikationsbedingungen sollten möglichst nicht noch zusätzlich und unnötig verkompliziert werden. Eine komplett identische Nutzung von Lautsprache und/oder Gebärden(sprache) ist trotz aller Mühen nicht immer erreichbar, denn: Sprache ist nicht starr, sondern einem permanenten Wandel unterworfen.

Abb. 35, 1–4: Gebärdensammlungen (Auswahl)
❶a: Jacobsen, B. (1999): Das Gebärdenbuch. Das kleine 1 x 1 der Gebärdensprache. Band 1. Hamburg: Jakobsen; ❶b: Jacobsen, B. (2007): Das Gebärdenbuch. Das kleine 1 x 1 der Gebärdensprache. Band 2. Hamburg: Jakobsen; ❷a, b: Wilken, E. (o.J.): Sprechen lernen mit GUK 1 und GUK 2 (Bildkarten). Deutsches Down-Syndrom InfoCenter; ❸: Kestner, K. ([2]2015): Das große Wörterbuch der Deutschen Gebärdensprache (DGS). Version 2 (DVD). Schauenburg: Kestner; ❹a, b: MAKATON©Gebärden (basierend auf Gebärden der DGS und Symbole). Mainz: Makaton
Abdruck mit freundlicher Genehmigung der Verlage

4.1.2.1 Baby Signing/Babyzeichen

synonym: Babyzeichensprache, Zwergensprache, Babygebärden, Kindergebärden, Babyhandzeichen, babySignal, Baby signs

Zunehmender Beliebtheit erfreuen sich die sogenannten „Baby Signings/Babyzeichen". „Baby Signing" kann dabei als Oberbegriff verstanden werden, unter dem sich in Deutschland verschiedene Konzepte entwickelt haben. Ursprünglich verbreitete sich „Baby Signing" unter dem Namen „Baby Signs" in den USA, Kanada, Großbritannien und anderen westlichen Ländern (Kiegelmann 2009). Den Materialien liegt u. a. die Idee einer sprach- und intelligenzfördernden Wirkung von Gebärden zugrunde. Dabei lernen hörende Eltern einige Gebärden und bringen sie dann ihren hörenden Kindern bei.

Daraus entstanden ist ein vielschichtiges Angebot von Materialien, das sich u. a. der praktischen Umsetzung der Idee des Baby Signings widmet. Die Aufbereitung der Materialien ist sehr professionell und dem technischen Zeitgeist verpflichtet: Eltern können Angebote zu Baby-Gebärden-Kursen buchen und sowohl theoretische als auch praktische Anleitungen finden: als Elternratgeber,

Abb. 36, 1– 3: Materialien Baby Signing/Babyzeichen 1 (Auswahl)
❶a: König, V. (^{5}2010): Kleines Wörterbuch der Babyzeichen. Schauenburg: Kestner
❶b: König, V. (^{10}2015): Das große Buch der Babyzeichen. Schauenburg: Kestner
❷: Grewing, S. (2008): Let´s talk Wonneproppen. Babygebärden erobern die Welt. Hamburg: Jakobsen
❸: Malottke, K & Malottke, A. (^{3}2015): Zauberhafte Babyhände. Düsseldorf: Malottke
Abdruck mit freundlicher Genehmigung der Verlage

in Form von Kursleiterpaketen, Kursstundenbilder u. a. im Zusammenhang mit dem Erwerb von Zertifikaten, über (Lieder-)Bücher zu unterschiedlichen Themen mit Gebärden-Video-Clips auf CD, DVD und Lernkarten sowie über Plakate, Online-Schnupperkurse und über Videos auf YouTube. Außerdem werden von einigen Anbietern Weiterbildungen für pädagogische Fachkräfte zum Einsatz von Gebärden im Beruf angeboten (Wolf 2015).
Überschneidungen zu den in Kap. 4.1.2 angesprochenen Gebärdensammlungen ergeben sich immer dann, wenn Baby Signing bei Kindern mit unterschiedlichen Handicaps, z. B. mit Sprachentwicklungsverzögerungen, Hörbeeinträchtigungen und anderen Störungsbildern, eingesetzt wird.

Die meisten Baby Signing-Materialien greifen auf die Gebärden der Deutschen Gebärdensprache zurück. Es werden sogenannte Schlüsselwörter gebärdet, und zwar vor allem Begriffe aus den täglichen Routinen des Kindes. Diese werden parallel zur Lautsprache präsentiert.
In manchen Sammlungen wird vorgeschlagen, komplexe Gebärden durch die Erwachsenen zu vereinfachen oder selbst zu erfinden, damit die Kinder es leichter haben, sie anzuwenden. Dieses Vorgehen ist kritisch zu hinterfragen. Denn: In der regelgerechten lautsprachlichen Entwicklung können Kinder viele Wörter auch nicht sofort korrekt aussprechen, sagen deshalb „nane" statt /Banane/ oder „lade" für /Schokolade/. Es macht weder in der Lautsprache noch im

Abb. 37, 1–3: Materialien Baby Signing/Babyzeichen 2 (Auswahl)
➊a: Butz, B. & Mohos, A.-K. (2012): Frühling, Sommer, Herbst und Winter mit Kindergebärden. Band 1 (mit Gebärden-Video-Clips auf CD). Münster: Ökotopia
➊b: Butz, B. & Mohos, A.-K. (2014): Frühling, Sommer, Herbst und Winter mit Kindergebärden. Band 2 (mit Gebärden-Video-Clips auf CD). Münster: Ökotopia
➋: Kindel, U. M. (2012): Singen und Spielen mit Kindergebärden. Gebärdenlieder für die Kleinsten zum Mitsingen und Mitmachen (CD). Münster: Ökotopia
➌a: Malottke, K. ([3]2015): Kindergebärden – Stundenbilder. Meine bunte Gebärdenwelt. Band 1. Düsseldorf: Malottke
➌b: Malottke, K. (2015): Kindergebärden – Kurse erfolgreich leiten. Stundenbilder – Mit Gebärden wachsen. Band 2. Düsseldorf: Malottke
Abdruck mit freundlicher Genehmigung der Verlage

Umgang mit Gebärden Sinn, diese kindliche Sprache/kindlichen Gebärden zu übernehmen bzw. Wörter oder Gebärden zu vereinfachen. Günstiger ist es, die Sprach- und/oder Gebärdenproduktion der Kinder aufzugreifen, zu erweitern und als Erwachsener in Form eines korrekten Sprach- bzw. Gebärdenvorbildes zu fungieren. Dieses gilt für Menschen mit oder ohne Handicap gleichermaßen.

Merke: Veränderungen der Gebärden sind nicht sinnvoll! Ein gutes Sprach- und Gebärdenvorbild dagegen schon!

Der Umfang der Baby Signing-(Gebärden-)Sammlungen schwankt zwischen 50 und 100 Gebärdenbegriffen. Eine Sammlung (König [10]2015) umfasst knapp 300 Begriffe. Es gilt individuell zu überprüfen, ob die Anzahl und die Auswahl der Begriffe ausreichen (vgl. Kap. 4.1.2 Entscheidung für eine Gebärdensammlung).

Die Gebärden stehen größtenteils in Form eines Buches zur Verfügung, wobei mehr oder weniger eindeutige Pfeile und Beschriftungen die Ausführung der Gebärde erläutern. Die Gebärdenmaterialien sind ansprechend aufbereitet. Anleitungen und Ideen werden angeboten und erleichtern die Umsetzung in den Alltag.

Erwähnenswert ist, dass der Umgang mit Baby Signing keine zweisprachige Bildung darstellt. Babygebärden werden benutzt, um Lautsprache zu unterstützen. Zwischen Baby Signing und dem Gebrauch der Deutschen Gebärdensprache als eigenständige Sprache besteht damit ein großer Unterschied.
Nichtsdestotrotz kann über Baby Signing Interesse an der Deutschen Gebärdensprache und deren Kultur sowie dem Umgang mit Gebärden generell geschaffen werden und dadurch eine Brücke zwischen der Welt der Hörenden und der Welt der Gehörlosen sowie dem Thema Gebärden insgesamt hergestellt werden.

4.1.3 Zeitpunkt

„Für UK ist es nie zu spät und selten zu früh ...“ – diese Aussage kann man auch auf den Bereich der Gebärden übertragen. Also: „Für die Nutzung von Gebärden ist es nie zu spät und selten zu früh!“

Die Kommunikationsbereitschaft von Säuglingen sollte möglichst früh unterstützt werden. Gesten und Gebärden aktiv zu nutzen, ist insgesamt früher möglich, als erste Wörter lautsprachlich zu produzieren. Die vorsprachliche Kommunikation mit ihren nonmanuellen Komponenten und Gesten stellt dabei für die weitere Sprach- bzw. Kommunikationsförderung eine wichtige Ressource dar.

Entscheidend für die kommunikative und sprachliche Entwicklung eines Kindes sind seine Lernfähigkeit und der kommunikative und (gebärden-)sprachliche Input von Seiten der lehrenden Umwelt. Dieses gilt insbesondere für Kinder mit Handicaps. Dabei gilt es einerseits, die natürliche Kommunikation und ihre Entwicklungsstufen zu bewahren, zum anderen den natürlichen, aber durch Handicaps beeinträchtigten und damit veränderten Weg durch spezifisches und differenziertes theoriegeleitetes Handeln zu begleiten und zu unterstützen (vgl. Kap. 4.2.4.1 und 4.2.4.2). Falls noch nicht geschehen, macht es Sinn, eine (vor-)sprachliche Diagnostik durchzuführen, damit klar ist, auf welcher (vor-) sprachlichen Entwicklungsstufe sich das Kind befindet. Diese Aufgabe können Sprachtherapeuten oder ähnlich qualifizierte Berufsgruppen übernehmen. Um den Bereich Gebärden einschätzen zu können, sind allerdings zusätzliche Qualifikationen erforderlich. Im Anschluss daran kann gemeinsam überlegt werden, welches die nächsten kommunikativen und/oder lautsprachlichen Schritte sein sollen und ob bzw. welche Rolle Gebärden dabei spielen.

Egal, welche Sprache das Kind lernt, es wird sie von den Eltern und/oder dem Umfeld lernen. Dabei ist es unerheblich, „ob die Kommunikation in gesprochener Sprache, in gebärdeter Sprache oder auch in Mischformen aus Laut- und Gebärdensprache stattfindet“ (Hintermaier 2011, 54).
Dadurch ist es aber zwingend erforderlich, dass sich Eltern und Umfeld bewusst für die Arbeit mit Gesten und Gebärden entscheiden. Damit wird auch eine Entscheidung für eine Art der Kommunikation getroffen, die zunächst ungewohnt und vielleicht fremd ist. Eine eindeutige Mimik und eine gezielt authentische Körpersprache sowie Gebärden einsetzen zu können, bedeutet auch, Zeit und Mühe für das Lernen zu investieren! Wenn eine positive Entscheidung dafür gefallen ist, sollten weitere Schritte professionell begleitet werden.

Damit lässt sich festhalten:

- Es sind kaum Voraussetzungen beim Kind nötig, um mit einer Kommunikationsförderung mit Gesten/Gebärden zu beginnen.
- Der Zeitpunkt, um mit Gebärden zu beginnen, hängt in nicht unerheblichem Ausmaß von der Entscheidung der Bezugspersonen ab.
- Der Qualität der fachlichen Unterstützung kommt eine entscheidende Rolle zu!

4.1.4 Grundprinzipien für den Einsatz von Gebärden

Für den Einsatz von Gebärden gelten zunächst die gleichen Grundsätze wie für andere Kommunikationsmittel der Unterstützten Kommunikation auch. Darüber hinaus ergeben sich aber folgende zu beachtende Prinzipien:

- Gebärden Sie grundsätzlich mit der eigenen dominanten Hand. Dies ist bei Rechtshändern die rechte und bei Linkshändern die linke Hand.
- Zu Beginn reicht eine Gebärde pro Satz (Stichwort: Schlüsselwort). Erfahrungsgemäß steckt in der Entscheidung, welches das eine wichtige Wort bzw. die eine wichtige Gebärde ist, die Herausforderung!
- Das Wort und die Gebärde werden gleichzeitig ausgeführt.

- Die Menge der zu erlernenden Gebärden sollte sich primär an den Möglichkeiten und Kommunikationswünschen des Nutzers orientieren (Stichwort: Diagnostik). Sie ist zu Beginn einer Intervention oft überschaubar.
- Beginnen Sie erst dann zu gebärden, wenn eine gewisse Aufmerksamkeit des Gesprächspartners vorhanden ist.
- Wichtig sind eine zugewandte Körperhaltung und ein angemessener Abstand zum Gegenüber.
  Ausnahme: Taktile Gebärden! Es gilt grundsätzlich zu überprüfen, ob der erforderliche Körperkontakt erwünscht ist!
- Gute Lichtverhältnisse sind wichtig, vermeiden Sie aber Blendungen.
- Wichtig sind ein normales Sprechtempo und Blickkontakt.
  Aber: Um Gebärden sehen zu können, muss Ihr Gegenüber den Blickkontakt nicht unbedingt aufnehmen und/oder halten!
- Zwischen den Sätzen sind Pausen wichtig.
- Gebärden bekommen je nach Inhalt und Bedeutsamkeit mitunter einen bestimmten Platz/einen bestimmten Ort im Gebärdenraum zugewiesen. Um Zusammenhänge genau erklären zu können, kommt anschließend der (korrekten) Richtung von Gebärden eine besondere Bedeutung zu. Dieses Phänomen ist u. a. im Zusammenhang mit Richtungsverben/Richtungsgebärden von Bedeutung.
- Achten Sie auf die Händigkeit!
  Beispiel: Wenn Sie einem Kind gegenübersitzen, ist es sehr wahrscheinlich, dass es die Bewegungen Ihrer rechten Hand mit der eigenen linken Hand übernimmt.
  Lösung: Nebeneinander oder „über Eck" sitzen!
- Wenn Sie möchten, dass eine Person gebärdet, „sprechen" auch Sie mit Gebärden. Seien Sie ein gutes und verlässliches (Gebärden-)Vorbild!
- Halten Sie Ihre Hände möglichst still, wenn Sie nicht gebärden.
- Führen Sie die Gebärde so aus, dass Ihr Mundbild gut zu sehen ist (Stichwort: nonmanuelle Komponenten).
- Setzen Sie gezielt Mimik und Körpersprache zur Unterstützung der Lautsprache ein (Stichwort: nonmanuelle Komponenten). Über den Körper mit seinen mimischen und körpersprachlichen Ausdrucksmöglichkeiten lassen sich Inhalte gut transportieren.
- Dokumentieren Sie die Gebärden, erstellen Sie im Team und nach Absprache Materialien, z. B. ein individuelles Gebärdenwörterbuch, und machen Sie sie für alle zugänglich (Stichwort: Runder Tisch).

4.2 „Alle (be-)sprechen mit!" – Erfolgreicher Einsatz von Gebärden durch Kooperation im Team

4.2.1 Auswahl und Festlegung des Wortschatzes

Das Thema „Wortschatz" spielt (nicht nur) in der Unterstützten Kommunikation eine wichtige Rolle. Dies liegt u. a. daran, dass viele Personen, um die es geht, ihren aktiven Wortschatz eher langsam erweitern. Während sprechende Kinder aus den gehörten Wörtern zusätzlich die herausfiltern, die für sie interessant und wichtig sind, ist das für Menschen mit Handicaps aus den unterschiedlichsten Gründen oft nicht möglich. Demnach stellt sich die Frage, welche Begriffe sowohl für die Alltagskommunikation als auch für die Sprachentwicklung notwendig sind bzw. welche Begriffe dann im Rahmen der Unterstützten Kommunikation/Sprachtherapie und Sprachförderung im Alltag entsprechend häufig benötigt werden und geübt werden sollten.
Zahlreiche Untersuchungen von Boenisch (2009), Sachse (2010), Boenisch/Sachse (2009) belegen, dass eine kleine Anzahl von Wörtern deutlich häufiger verwendet wird als andere Wörter. Diese Wörter werden als Kernvokabular (core vocabulary) bezeichnet und machen 80 % der Alltagssprache aus. Dieses gilt unabhängig vom Bildungsstand, Alter, Gesprächsthema und/oder der Lebenssituation. Es handelt sich dabei vor allem um situationsUNspezifische Funktionswörter (Pronomen, Hilfsverben, Adverbien, Präpositionen, Artikel, Konjunktionen).

Der Begriff Randvokabular (fringe vocabulary) bezieht sich auf alle Wörter jenseits der 80 %-Marke. Es handelt sich dabei um Inhaltswörter (Nomen, Verben, Adjektive), die in Anhängigkeit vom Wortschatz und dem Bildungsstand eines Menschen genutzt werden. Randvokabular wird außerdem genutzt, um sich differenziert über bestimmte Themen austauschen zu können, d. h., es beeinflusst die thematische Ausrichtung eines Gespräches und bietet inhaltliche Erklärungen.

Zahlreiche wissenschaftliche Studien (vgl. Boenisch 2014; Sachse & Willke 2011, 2013) belegen inzwischen eindrucksvoll, dass besonders in kommunikativen Zusammenhängen dem Kernvokabular eine herausragende Bedeutung zukommt. Das gilt sowohl zu Beginn des Spracherwerbs als auch im weiteren Verlauf der Sprachentwicklung und besonders für Menschen ohne bzw. ohne verständliche Lautsprache. Über gemeinsame Situationen können Handlungs- und Erfahrungswerte geschaffen werden, die die Kommunikationskompetenz unterstützen und erweitern. „Je kleiner der zur Verfügung stehende Wortschatz, desto bedeutender ist der Erwerb von Kernvokabular, um im Alltag schnell und flexibel mitreden und Sachverhalte kommentieren zu können. Mit zunehmender Sprachkompetenz und wachsendem Wortschatz nimmt dann auch die Bedeutung von Inhaltswörtern zu“ (Boenisch 2014, 176).

In der Arbeit mit Menschen mit Handicaps kann es nach erfolgter spezifischer Diagnostik ein nächstes wichtiges Ziel sein, Kernvokabular in den Mittelpunkt der Aktivitäten zu stellen. Dabei hat das Kernvokabular die Funktion, als Motor für die pragmatisch ausgerichtete Entwicklung und damit für die Sprachentwicklung zu dienen (Nonn 2014).
Der Fokus auf das Kernvokabular ist aber auch vorübergehend. Die Herausforderung besteht darin, über einen längeren Zeitraum eine individuell wohlbegründete Mischung aus Kern- und Randvokabular (80 / 20) zu finden. Gerade bei Personen, die auf basalem Niveau kommunizieren, kommt es darauf an, Wörter/Gebärden im Alltag in hoher Frequenz anzubieten, damit das Lernen dieser Alltagsbegriffe entsprechend unterstützt wird und sie in die Lage versetzt werden, am Alltag teilzuhaben.

Natürlich ist es gut, dafür ein umfangreiches Gebärdenrepertoire zu besitzen. Zu Beginn reicht es i. d. R. aber aus, einen kleinen Wortschatz von wichtigen Grundvokabeln zu haben. Entscheidend ist, dass diese Begriffe/Gebärden

- eine hohe und/oder individuelle Bedeutsamkeit für die betreffende Person haben und
- mengenmäßig überschaubar sind.

Das entlastet besonders die Personen im Umfeld, die noch keinen oder erst einen kleinen Gebärdenwortschatz erlernt haben.
Dem anschließend bzw. parallel dazu erfolgenden, gezielten Wortschatzaufbau kommt eine nicht minder wichtige Bedeutung zu.

4.2.2 Round-Table-Gespräche

Abb. 38:
❶a, b: Runder (re Zeigefinger zeigt einen Kreis) Tisch (beide Hände, Handinnenflächen nach unten, bewegen sich von der Mitte nach außen)
❷: Besprechungsraum, © Bildsystem: A. Kitzinger, Metacom 7

„Wie werden denn eigentlich Besprechungen organisiert und durchgeführt?“ ... „Alle sollen zum gleichen Termin zum Gespräch kommen? Wie soll das denn gehen?“ ... „Das klappt doch nie!“ ...

Voraussetzung für das Gelingen der ‚Runden Tische‘ ist die methodische Gestaltung, aber auch die Grundhaltung sowie die Perspektive der teilnehmenden Personen beeinflussen das Ergebnis entscheidend.
Alle Personen, die in Kontakt zu der betroffenen Person sind, werden eingeladen. Sie können aus dem familiären und/oder sozialen sowie aus dem professionellen Umfeld kommen. Die Teilnahme von Eltern/Erziehungsberechtigten oder anderen wichtigen Bezugspersonen sollte obligatorisch sein. Wenn möglich oder gewünscht, ist auch die Person, um die es geht, selbst bei den Gesprächen anwesend.

Aufgrund der vielschichtigen Anforderungen ist es hilfreich, wenn der Moderator der Round-Table-Gespräche über eine entsprechende Beratungsqualifikation (z. B. UK-Coach) verfügt. Aufgabe ist es, die Teilnehmerrunde strukturiert durch die interdisziplinäre Zusammenkunft zu führen (vgl. Giel 2013, 2014).

Die Ziele können nach dem SMART-Modell formuliert und entsprechend dokumentiert werden:

Spezifisch	Ziele eindeutig definieren
Messbar	Ziele mit messbaren Kriterien formulieren
Attraktiv	lohnenswerte und attraktive Ziele finden
Realistisch	Ziele müssen erreichbar und verhältnismäßig zum Aufwand sein
Terminiert	Ziele mit eindeutigen Zeitvorgaben versehen

Dass die Dokumentation ein wichtiges Standbein im Beratungsprozess bei den ‚Runden Tischen' darstellt, versteht sich von selbst. Im Zentrum für Unterstützte Kommunikation in Moers wurde daher ein Dokumentationsbogen erstellt, der diesen Kriterien gerecht wird. Er dient darüber hinaus allen teilnehmenden Personen als Evaluationsgrundlage beim nächsten Gesprächstermin.

Für den Bereich der Gebärden gibt es viele Fragen zu klären. Besonders wichtig ist, sich nach einer entsprechend durchgeführten spezifischen (Gebärden-)Diagnostik für oder gegen die Verwendung von Gebärden zum aktuellen Zeitpunkt zu entscheiden. Darauf aufbauend gilt es, ein geeignetes Gebärdensystem und eine geeignete Gebärdensammlung einzusetzen sowie sich über das Gebärdenvokabular/den Gebärdenwortschatz zu einigen. Auch gilt es abzustimmen, ob, wie und wo möglicherweise Gebärden gelernt werden können und wer welche Gebärdenmaterialien erstellt und allen Beteiligten zugängig macht.

4.2.3 Sprachsystematische Förderung

4.2.3.1 Vorgehen in der Arbeit mit Gebärden anhand von COCP-Partnerstrategien und den Prinzipien des Modelings

Partnerstrategien und die Prinzipien des Modelings helfen, kommunikative Prozesse positiv zu unterstützen und auszubauen. Dabei geht es darum, zwei Bedingungen zu schaffen:

- Die Person, um die es geht, sollte Zugang zu den Kommunikationsformen haben, die zu ihren individuellen Möglichkeiten passen.
- Die Kommunikationspartner sollten Möglichkeiten anbieten, zu kommunizieren.

Das bedeutet, dass Lernen auf beiden Seiten stattfindet, was noch einmal das Einbinden des Umfeldes besonders betont! Hier helfen die Partnerstrategien des COCP-Programms (Heim, Jonker & Veen 2012), ergänzt durch einige Techniken des Modeling (Pivit & Hüning-Meier 2012) in Kombination mit Gesichtspunkten aus dem Bereich Gebärden:

1. Vorbereitung und Strukturierung der Umgebung/Kommunikationsmittel
Alle benötigten Materialien sollten vorhanden sein, die betreffende Person sollte sie problemlos erreichen und nutzen können.

2. Der Führung des Kommunikationspartners folgen
Alle kommunikativen Hinweise finden Berücksichtigung, bei Bedarf unter Zuhilfenahme von Gebärden.

3. Die gemeinsame Aufmerksamkeit stimulieren
Besonders in Alltagssituationen lässt sich das Kernvokabular mit Gebärden gut anwenden. Auch wenn sich Situationen verändern, können Gebärden in Form von Kernvokabular eingebracht werden. Je häufiger eine Person erfährt, dass sie mit Gebärden etwas bewirken kann, umso sicherer wird sie in der Nutzung und in der Motivation, sich weiter mit Gebärden auszudrücken.

4. Möglichkeiten zur kommunikativen Intervention (turn-taking) schaffen
Menschen – und besonders Kinder – haben ein gutes Gespür dafür, wann und ob echtes Interesse an der Kommunikation besteht oder ob es sich eher um „Abfragestrategien“ handelt. Fragen, von denen der Fragende die Antwort bereits kennt, sind nicht besonders motivierend. Offene Fragen und „echte Kommunikationssituationen“ sind dagegen hilfreich, um die Bedeutung von Wörtern/Gebärden zu lernen.

Auch „Klatsch und Tratsch“ oder Dinge, die plötzlich anders sind oder kaputt gehen, bieten einen willkommenen Anlass, zu kommunizieren bzw. mit Gebärden zu kommentieren („Pech!“). Dabei gilt es, mit der eigenen Aufmerksamkeit bei der nicht sprechenden Person zu bleiben sowie ihrer Führung zu folgen, s. o.

5. Interaktion/Kommunikation erwarten, die zum Niveau des Kommunikationspartners passt

Hier gilt es, alle Kommunikationsversuche mit Gebärden zu beachten, zu beantworten oder zu belohnen – und zwar auf dem aktuellen kommunikativen Niveau des Kommunikationspartners.
Durch eine angemessene Erwartungshaltung kann man seinem Gegenüber zudem deutlich und aufmunternd zeigen, dass man es einlädt, zu kommunizieren. Möglicherweise hilft es, taktile Gebärden anzuwenden.

6. Regulieren des Interaktionstempos

Der Kommunikationspartner muss zunächst

- erkennen, dass sie/er jetzt was gebärden könnte
- wissen, was sie/er gebärden will
- das zur Verfügung stehende Vokabular haben, um das Gewünschte ausdrücken zu können
- die für die Gebärde dazugehörige Bewegung parat haben und
- die Gebärde ausführen

Diese Schritte benötigen Zeit. Daher braucht man nicht nur entsprechende Geduld, sondern auch Vertrauen, dass eine Äußerung (noch) kommt. Manchmal ist es sinnvoll, in einer Pause bis 10 oder sogar bis 20 zu zählen, um möglichst sicher zu sein, dass der Kommunikationspartner ausgeredet (= fertig gebärdet) hat. Dass der Kommunikationspartner die Initiative ergreift, ist absolut entscheidend und Warten unbedingt notwendig! Videoaufnahmen können helfen, die Zeitspanne, die jemand zum Antworten braucht, zu dokumentieren. Es hilft darüber hinaus, das eigene richtige Tempo zu wählen.

7. Modellieren der expressiven Kommunikationsformen aus dem Repertoire des Kindes (Pivit & Hüning-Meier 2012, Siegmüller & Kauschke 2006)

Es ist unbedingt erforderlich, einer Person, die Gebärden nutzen soll, diese aktiv und korrekt vorzumachen. Das gilt insbesondere für die nonmanuellen Komponenten. Wenn der Gesprächspartner gebärden soll, ist ein gutes Gebärdenvorbild unerlässlich. Modeling, in Form von korrigierenden und dialogisch weiterführenden Techniken, ist dabei ein wichtiges Prinzip.

8. Das eigene (Gebärden-)Sprachniveau dem Niveau des Kommunikationspartners anpassen

9. Hilfen geben
Wenn das Gegenüber nach längerer Zeit nicht reagiert, helfen gestische und/oder verbale Aufforderungen. Zuerst sollte man allerdings warten und etwas Zeit geben, motivierend schauen, dann vielleicht gebärden: WAS? (Was möchtest du?), gezielt Alternativen anbieten (z. B. eine oder zwei Gebärden anbieten) und/oder die Handlung mit der Person gemeinsam ausführen. Kleinschrittiges Vorgehen, ggf. mit Unterstützung von taktilen Gebärden, kann Kommunikation und Interaktion unterstützen.

10. Belohnen aller Kommunikationsversuche
Es ist wichtig, auf alle Kommunikationsversuche des Kommunikationspartners zu reagieren, d. h., alle Kommunikationsversuche und -themen ernst zu nehmen. Aber: Nicht alle Bitten und Forderungen des Kommunikationspartners müssen erfüllt werden!

4.2.3.2 Vorgehen in der Arbeit mit Gebärden anhand von Materialien

<u>Bilderbücher lesen mit Gebärden</u>

4

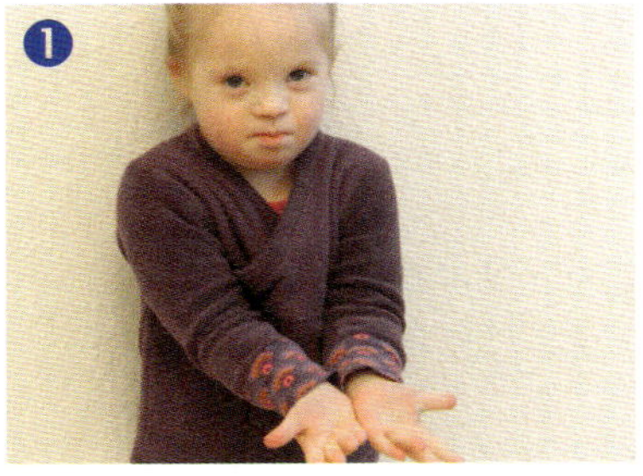

Abb. 39, 1–2:
❶ Buch (beide Hände öffnen sich und stellen das geöffnete Buch dar)
❷ Buch, © Bildsystem: A. Kitzinger, Metacom 7

Grundsätzlich bieten (Bilder-)Bücher sehr gute und unendlich viele Möglichkeiten, kommunikative Prozesse zu begleiten, zu unterstützen und zu erweitern, d. h. (nicht nur mit Kindern) zu sprechen, zu spielen und zu gebärden. Der Umfang, die Art der Bilder und das mögliche Vokabular sollten dem (gebärden-)sprachlichen Entwicklungsstand angepasst sein.

Beim dialogischen Bilderbuchlesen wird eine Mischung aus freiem Erzählen, Gespräch und Vorlesen praktiziert. Freies Erzählen oder ein Gespräch kann dabei besonders auf die Bedürfnisse des Zuhörers eingehen. Der Verlauf, die Personen und das zu lösende Problem der Geschichte können genau auf die emotionalen, kognitiven und kommunikativen Fähigkeiten der Zuhörer abgestimmt werden. Durch Bestätigen, Wiederholen, thematische Fortführungen und z. T. stimmlich-artikulatorische Ausdrücke entstehen bedeutungsvolle kommunikative Interaktions- und Sprachlernsituationen.

Es ist sehr wichtig, geeignete und passende Bilderbücher zu finden. Das gestaltet sich nicht immer einfach, da die Auswahl riesig ist. Mögliche Auswahlkriterien könnten sein:

- eine für die betreffende Person angemessene Sprache
- ein geeigneter Wortschatz
- ein geeignetes Layout
- viele sich wiederholende, lustige und interessante Inhalte
- Dinge zum Drehen, Fühlen, Bewegen u. v. m.

Es besteht grundsätzlich die Möglichkeit, die vorgegebenen Texte nach eigenen Wünschen, Zielen und Vorstellungen zu verändern und zu ergänzen, z. B. mit Geräuschen und/oder mit Gebärden.
Immer beliebter wird es, eigene digitale Bücher zu erstellen. Zudem sind inzwischen einige Bücher-Apps interaktiv und damit ebenfalls gut geeignet.

Für das eigene Lernen kann es hilfreich sein, entsprechende Bild- und Gebärdenkarten vorzubereiten und/oder dem Umfeld geeignete Materialien und Informationen zur Verfügung zu stellen.
Bei der Erarbeitung eines Buches mit Gebärden reicht es aus, die Gebärden selbst auszuführen und sie mit dem eigenen Körper entsprechend den Inhalten und Zielen darzustellen und umzusetzen. Gebärdenmaterialien in Form von Bildern sind demnach vorrangig als Orientierungshilfe für das Umfeld und nicht zwingend als Lernmaterialien für das Kind gedacht.

Beispiele:

- **Förderziel**: Verstehen und Benennen von Wortbedeutungen –
  Beispiel: Sammeln von vielfältigen Erfahrungen in möglichst eindeutigen Situationen
  Nutzen von Kernvokabular mit Gebärden, z. B. STOPP / WEITER

Bilderbuch: Roether, C. (2003): Paulchen und der kleine Bär. Wer rollt am schnellsten durch das Labyrinth? Münster: Coppenrath
Zum Inhalt: Man bewegt eine Kugel durch ein Labyrinth bis ins Loch (STOPP), (WEITER) blättert schnell um und rollt die Kugel weiter durch das zweite Labyrinth. So geht es weiter, bis die Kugel am Ende aus dem Buch herausfällt.

Abb. 40, 1–4:
❶ stopp (re Hand zeigt Stopp an)
❷ stopp, © Bildsystem: A. Kitzinger, Metacom 7
❸ weiter (re Hand bewegt sich 2x nach vorne auf der li Handinnenfläche)
❹ weiter, © Bildsystem: A. Kitzinger, Metacom 7

4

- **Förderziel**: Erweiterung des aktiven Wortschatzes
  Beispiel: Adjektive GLATT, RAU

Bilderbuch: Sellig, A. (2013): Das Chamäleon. Berlin: Anders sehen e.V. (zur Förderung blinder Kinder)
Zum Inhalt: Am Beispiel des Chamäleons werden Gegensatzpaare optisch und haptisch (= fühlbar) erfahrbar gemacht. Die Schrift ist zusätzlich mit Braille-Punkten für sehbehinderte und blinde Menschen ergänzt, dazu farblich unterlegt, damit sehende Menschen diese Punktschrift leichter erlernen und lesen können.

Abb. 41, 1–6:
❶ das Chamäleon (beide Hände drehen sich gegenläufig neben den Augen)
❷ das Chamäleon, © Bildsystem: A. Kitzinger, Metacom 7
❸ glatt (re Hand streicht nach vorne über die Handinnenfläche der li Hand)
❹ glatt, © Bildsystem: A. Kitzinger, Metacom 7
❺ rau (einzelne Finger der re Hand bewegen sich auf dem Handrücken der li Hand)
❻ rau, © Bildsystem: A. Kitzinger, Metacom 7

4

- **Förderziel**: Mehrwortäußerungen – Kernvokabular
  Beispiel: ICH AUCH, ICH NICHT

Bilderbuch: Waigand, M.: Erarbeitung von Kernvokabular in Reimen mit dem „kleinen Geist". Ich-Auch-Buch.
Zum Inhalt: Der kleine Geist hat eine Mama. Frage: Und du? Antwort: „Ich auch" oder „Ich nicht"

Abb. 42a, ❶–❷: Waigand, M. (o.J.): Kleiner Geist! Ich-Auch-Buch. www.ukcouch.de
Abdruck mit freundlicher Genehmigung der Autorin

Abb. 42b, ❶–❽:
❶ ich (mit dem re Zeigefinger auf die eigene Person zeigen)
❷ auch (mit dem re Zeigefinger ein kleines Komma in der Luft zeigen)
❸ ich, © Bildsystem: A. Kitzinger, Metacom 7
❹ auch, © Bildsystem: A. Kitzinger, Metacom 7
❺ ich, s. unter 1
❻ nicht (re Zeigefinger hin- und her bewegen/Kopf schütteln)
❼ ich, © Bildsystem: A. Kitzinger, Metacom 7
❽ nicht, © Bildsystem: A. Kitzinger, Metacom 7

1

2

3

4

5

6

7

8

- **Förderziel**: Metasprachliche Bewusstheit – phonologische Bewusstheit, Reimwörter
  Beispiel: HAUS, MAUS

Bilderbuch: Werz, S. & Heger, L. (2015): Eins, zwei, drei – Zauberei. Karlsruhe: von Loeper
Zum Inhalt: Aus einem Haus wird eine Maus, aus der Kuh ein Schuh. Ein kleiner Zauberer verzaubert diverse Dinge.

Abb. 43, 1–4:
❶ Haus (die Hände formen ein Dach)
❷ Haus, © Bildsystem: A. Kitzinger, Metacom 7
❸ Maus (re Zeigefinger bewegt sich nach vorne, an der hochgestellten li Handinnenfläche entlang)
❹ Maus, © Bildsystem: A. Kitzinger, Metacom 7

Singen mit Gebärden

Abb. 44, 1–2:
❶ singen (Zeigefinger bewegen sich hin und her, zeigen die Singbewegung)
❷ singen, © Bildsystem: A. Kitzinger, Metacom 7

Die Auswahl an Liedern für alle Altersstufen und Themengebiete ist groß! Das Singen von Kinderliedern mit Gebärden hat einen wichtigen Stellenwert in der Kommunikations- und Sprachförderung/Sprachtherapie.
Ausgewählte Lieder sollten eine klar erkennbare Melodie und zunächst eine möglichst elementare rhythmische Struktur aufweisen.
Besonders jüngere Kinder benötigen viele Wiederholungen, bis sie in der Lage sind, zu imitieren. Aus diesem Grunde macht es Sinn, verschiedene Tempi und immer wieder neue Bewegungen anzubieten.

Grundsätzlich ist es sinnvoll, Lieder (aber auch Fingerspiele, Reime ...) nicht einfach so mit Bewegungen zu untermalen, sondern sie sofort mit den „richtigen" Bewegungen (= Gesten, Gebärden) zu unterstützen. Begriffe/Texte können dabei den Gegebenheiten angepasst, d. h. verändert, werden. Zudem ist zu entscheiden, wie viele Gebärden und welche pro Strophe/Lied eingesetzt werden. Als Orientierungspunkt dienen dabei die Möglichkeiten der Kinder sowie die jeweils aktuellen Ziele in der Sprachförderung/Sprachtherapie. Auch sollten die Gebärden nach inhaltlichen laut- und gebärdensprachlichen Kriterien ausgewählt und im Rhythmus des Liedes einigermaßen „bequem" motorisch umsetzbar sein. Die Anzahl an Gebärden kann beliebig variiert werden.

Merke: Weniger ist manchmal mehr!

4

Begrüßungslieder

Zu Beginn einer Therapieeinheit, eines Tages im Kindergarten oder in der Schule ist ein Begrüßungslied zweckvoll. Dieses Ritual wird in jeder Stunde wiederholt. Die Kinder erkennen damit deutlich den Beginn einer Situation. In Einzelsituationen, aber besonders für Gruppen macht es Sinn, Lieder auszuwählen, bei denen jede anwesende Person angesprochen wird. Dieses Vorgehen kann die Namen und die Gebärdennamen der Kinder und Erwachsenen immer wieder in den Fokus stellen.

Beispiele:

- Hallo _____, wie geht es dir? Ganz für dich alleine singen wir. Patschen auf die Beine patsch, patsch, patsch und dazu in die Hände klatsch, klatsch, klatsch.
- Guten Morgen, guten Tag, jeder freut sich, wenn ich´s sag. Auch ein nettes „Hallo du", das gehört für mich dazu, auch ein nettes „Hallo du", das gehört für mich dazu.

Lieder mit sprachlichen Schwerpunkten

Es gibt viele (Kinder-)Lieder, die sich einem bestimmten Thema widmen und sich innerhalb eines semantischen Feldes bewegen. Diese Lieder eignen sich hervorragend dazu, den Wortschatz der Kinder zu vergrößern. Je nach Interessen bieten sich verschiedene Themengebiete an: Tiere, Körperteile und die dazugehörigen Aktivitäten, Frühstück, Farben, Kleidung, Adjektive, Weihnachten, Hände waschen, Gefühle ... – immer ergänzt mit Gebärden, ggf. auch mit Geräuschen. Dazu besteht ein schier unerschöpflicher Fundus an Liedmaterial!!

Beispiele:

- Die/Der ____hat ein Brötchen, doch trocken mag sie´s/er´s nicht. Sie/Er denkt scharf nach, was sie/er heut will und dann strahlt ihr/sein Gesicht. Ja da kommt ____drauf, ja da kommt ____drauf, ja da kommt _____drauf und dann isst sie/er alles auf.
- Rot, rot, rot, sind alle meine Kleider, rot, rot, rot, ist alles, was ich hab´. Darum lieb ich, alles, was so rot ist, weil mein Schatz ein Feuerwehrmann ist.

Gebärdenrap

Speziell Rap-Songs eignen sich, um sie mit Gebärden zu begleiten. Grundsätzlich macht es Sinn, vorhandene englische Texte zu übersetzen, ggf. umzudichten. Aber auch eigene kleine Rap-Texte können erstellt und mit Gebärden ergänzt werden. Sogar aktuelle Schlager lassen sich mit Gebärden begleiten.

Abschlusslieder

Abschlusslieder sind – wie Begrüßungslieder – ein Ritual. Auch sie werden in jeder Stunde wiederholt. Die Kinder erkennen dadurch das Ende einer Situation. Rituale bieten Sicherheit, man kann sich darauf verlassen. Sinnvoll ist es, im Laufe der Zeit mehrere Begrüßungs- und Abschlusslieder zur Verfügung zu haben, um auswählen zu können.

Beispiele:

- Alle Leut´, alle Leut´, gehen jetzt nach Haus. Große Leut´, kleine Leut´, dicke Leut´, dünne Leut´. Alle Leut´, alle Leut´, gehen jetzt nach Haus. (statt „Leut´" kann man auch „Kinder" singen).
- Fertig, fertig, Schluss und aus, denn wir gehen jetzt nach Haus/hier raus. Viel gibt's noch zu spielen/zu üben, das werden wir schon seh´n, doch es kann erst nächste Woche weitergehen.

4

Zum Lernen von Gebärden – auch in Bezug auf Gebärdenlieder – nennen Leber & Spiegelhalter (2004, 10f, zit. n. Tebbe 2009, 80) günstige Voraussetzungen und Merksätze. Diese beziehen sich nicht nur auf Kinder!

- Je interessanter die Gebärden, umso schneller wird das Kind sie lernen.
- Je mehr Erfolgserlebnisse das Kind mit Gebärden hat, umso schneller wird es sie lernen.
- Je häufiger die Bezugspersonen gebärden, umso schneller wird das Kind es lernen.
- Je mehr Bezugspersonen die Gebärden lernen, umso schneller wird das Kind sie lernen.
- Je häufiger das Kind gebärdet, umso schneller wird es die Gebärden lernen.
- Je besser ein Kind die Gebärde „fühlt", umso schneller wird es sie lernen.
- Je mehr Spaß das Kind beim Gebärden hat, umso schneller wird es sie lernen.

Letztendlich können **alle Lieder mit Gebärden realisiert werden**. Voraussetzung ist, dass die zuständige(n) Bezugsperson(en) die Texte adäquat und richtig in Gebärden umsetzen können.
Bei einigen Materialien sind Gebärden mit Noten, Text und Gebärdenbildern bereits fertig aufbereitet. Die Gebärdenbilder sind aber aus verschiedenen Gebärdensammlungen entnommen. Je nach Verwendung einer Gebärdensammlung innerhalb einer Institution kann man sich daher für Lieder mit Gebärden aus der Gebärdensammlung „Schau doch meine Hände an – SdmHa“ oder für Lieder mit Gebärden aus der Gebärdensammlung „Deutsche Gebärdensprache – DGS“ entscheiden.

Aber Achtung: Es ist grundsätzlich zu überprüfen, ob die jeweils angegebenen Gebärdenbilder und die damit verbundenen Gebärdenbewegungen auch in der jeweiligen Region aktuell sind.

4.2.3.3 Vorgehen in der Arbeit mit Gebärden in spezifisch sprachtherapeutischem Kontext

Abläufe innerhalb einer Therapieeinheit

Beispiel 1: Erstkontakt
Ziele: Sprachentwicklungsstand des Kindes einschätzen; Möglichkeiten mit Gebärden erklären

- Begrüßung
- Anliegen/Fragestellung klären, z. B. Entwicklungsstand des Kindes einschätzen
- Informationen über die Möglichkeiten mit Gebärden geben
- Kontakt (mit oder ohne Bezugsperson) zum Kind herstellen und z. B. über ein Spiel/ein Gespräch den aktuellen (vor-)sprachlichen und gebärdensprachlichen Entwicklungsstand einschätzen
- Überblick über die Möglichkeiten mit Gebärden für die betreffende Person geben
- Klären, welche Ressourcen im Umfeld für den Umgang mit Gebärden vorhanden sind, und erste Wege bzgl. der Umsetzung andenken

- Fragen, Wünsche, weiteres Vorgehen abstimmen, z. B. eine differenzierte Diagnostik mit Gebärden
- Abschluss

Beispiel 2: Möglicher Ablauf einer Therapieeinheit bei einem Kleinkind, das schon einige Gebärden (LUG) kann

Ziele: Anleitung der Bezugsperson; bekannte Gebärden in unterschiedlichen Situationen stabilisieren; ein bis drei neue Gebärden anbieten

- Plan für die aktuelle Therapieeinheit erstellen (mit Gebärden „live“ und Symbolkarten)
- Begrüßungslied (mit Gebärden) singen: Hallo____, wie geht es dir?, dabei die Begleitpersonen einbeziehen
- Fragen klären, Unsicherheiten ansprechen, ggf. den Umgang mit den Gebärden, dem Kind, dem Tempo etc. optimieren
- Spielsituation(en) schaffen, um die bereits gelernten Gebärden zu stabilisieren und um ein bis drei weitere Gebärden einzuführen. Wenn möglich, besonders die aktive Nutzung vom Kind aus „provozieren“, bei Bedarf: Unterstützung mit taktilen Gebärden
- Gemeinsam mit den Begleitpersonen überlegen, welche (Spiel-)Situationen zu Hause genutzt werden können, um die Gebärden zu wiederholen und zu üben
- Gemeinsam die neuen Gebärden im Spiel anbieten und mit (Handy-)Kamera für zu Hause aufnehmen
- Weiteres Vorgehen abstimmen
- Abschlusslied (mit Gebärden) singen: Fertig, fertig ...

Beispiel 3: Möglicher Ablauf einer Therapieeinheit bei einem jungen Kind, das bereits Zweiwort-Äußerungen in Wort und Gebärde produziert

Ziele: Stabilisierung der Zweiwort-Äußerungen mit Wort- und Gebärden; Artikulationsübung; /b/ und /p/ stabilisieren

- Plan erstellen (mit Gebärden „live“ und Symbolkarten)
- Begrüßungslied (mit Gebärden) singen
- Zielbegriffe mit Gebärden einführen und Inhalte klären, ggf. durch vorbereitetes Gebärden- und Bildmaterial ergänzen

- Den zu übenden Laut, z. B. /b/ und /p/, in den sprachtherapeutischen Fokus rücken, bei Problemen die Artikulationsprozesse taktil, z. B. mit der Therapiemethode PROMPT, unterstützen
- Gelernte Begriffe den Gebärden zuordnen
- Bilderbuch/Spiel mit ähnlichen und/oder identischen Begriffen mit oder ohne Gebärden „lesen"/spielen
- Hausaufgaben klären, ggf. Gebärdenvideos/-fotos machen
- Abschlusslied

Beispiel 4: Möglicher Ablauf einer Therapieeinheit bei einem Schulkind, das in der Deutschen Gebärdensprache (DGS) kommuniziert

Ziel: Unterschied kennenlernen zwischen der grammatischen DGS- und DLS-Struktur am Beispiel der Verbzweitstellung

- Begrüßung
- Bilder einer Bildergeschichte in die richtige Reihenfolge legen
- Erzählen und Besprechen der Geschichte in DGS
- Eintippen der DGS-Erzählung in den PC durch den Therapeuten
- Klären, was ein Verb ist, und alle Verben im Text markieren
- Die unterschiedlichen Verbpositionen in DGS und in DLS besprechen
- DGS-Text in einen DLS-Text „umarbeiten", die Verbstellung jeweils entsprechend farblich markieren
- Auf Wunsch: Geschichte ausdrucken und als Hausaufgabe mitgeben
- Abschluss

Fallbeispiele

Beispiel 1:
Ein hörendes Kleinkind mit Mutter- und Familiensprache Deutsche Gebärdensprache (DGS) lernt die deutsche Lautsprache (DLS)

- Problem 1: Das hörende Kind versteht die deutsche Lautsprache nicht!
- Problem 2: Das hörende Kind bekommt in seinem ausschließlich gehörlosen Umfeld keine Hinweise auf die Bedeutung/das Einordnen von Geräuschen und von Lautsprache

Zunächst findet eine Beratung der gehörlosen Eltern in DGS über den Sprachentwicklungsstand ihres Kindes statt. Damit die Anleitung der Mutter erfolgen kann, wird eine Teilnahme an den Therapieeinheiten angeboten.

Inhalte der spezifischen Sprachtherapie:
- „Hören üben", z. B. Fokussieren auf auditive Reize, Aufmerksamkeit, Differenzierung, Identifizierung, Offenes Sprachverstehen, Hören im Störlärm, Anzeigen von Geräuschen (Flugzeug, Hundegebell, Autohupe, Regen ...), Singen, Nachahmen und Benennen von Geräuschen
- Erstellen einer Wörterliste mit den produzierten Geräuschen/Lauten/Silben/Wörtern sowie der aktiv genutzten Gebärden
- Erweiterte Diagnostik mit dem SETK-2 in DLS und in DGS

Weiteres Vorgehen:
- Wortschatzerweiterung in DLS (Schwerpunkt: Kernvokabular, Wortfelder)
- Erklärungen geben/Zusammenhänge beschreiben in DGS und in DLS
- Wortschatzerweiterung in DGS an die Eltern abgegeben

Nach weiteren sechs Monaten stabilisierten sich die Zwei- bis Dreiwort-Äußerungen in DLS, sodass eine klassisch sprachtherapeutische Förderung mit dem Aufbau grammatischer (lautsprachlicher) Strukturen sowie gezielte Artikulationsübungen angeschlossen werden konnten.

4

Beispiel 2:
Ein junges Kind mit Down-Syndrom findet über taktile Gebärden und lautsprachunterstützende Gebärden (LUG) den Weg in die deutsche Lautsprache (DLS)

Therapieablauf:

- Diagnostik zur Feststellung des aktuellen (vorsprachlichen) Entwicklungsstandes und Beginn mit taktilen Gebärden
- Einbeziehen der Mutter in das kommunikative (Therapie-)Geschehen
- Auswahl des Kernvokabulars und Dokumentation der ersten Gebärden (LUG) sowie der stimmlichen und sonstigen kommunikativen Äußerungen
- Einbeziehen aller Bezugspersonen durch regelmäßig stattfindende ‚Runden Tische', z. B. Abstimmen des Gebärdenvokabulars, Abstimmen der beteiligten Therapeuten zur Optimierung der vorliegenden orofazialen Problematik sowie der Entwicklung der motorischen und sensorischen Kompetenzen
- Dokumentation der (laut-)sprachlichen Fortschritte sowie begleitende Diagnostik mit laut- und gebärdensprachlichem Fokus
- Gebärdensprachkurse im Kindergarten mit Begriffen, die auf die Bedürfnisse und Wünsche der Institution maßgeschneidert abgestimmt wurden
- Erweiterung der laut- und gebärdensprachlichen Möglichkeiten des Kindes, d. h. Nutzen von Lautsprache und/oder Gebärden zunächst auf Einwort-Niveau
- Nutzen von Zweiwort-Äußerungen durch eine Gebärde/ein Wort oder zwei Wörter oder zwei Gebärden

Es entwickelte sich eine zunehmende Etablierung der DLS, sodass eine spezifisch sprachtherapeutische Förderung mit dem Aufbau von grammatischen (lautsprachlichen) Strukturen sowie gezielten Artikulationsübungen angeschlossen werden konnten.

Beispiel 3:
Ein geistig behinderter Erwachsener erweitert mit lautsprachunterstützenden Gebärden (LUG) und Bildsymbolen seine Selbstständigkeit

Therapiebeginn:

- Diagnostik zur Erfassung der sprachlichen, gebärdensprachlichen sowie kommunikativen Kompetenzen
- Einigen auf ein Ziel mit der betreuenden Einrichtung und Einigen auf die dafür notwendigen Begriffe/Gebärden (Runder Tisch)
- Erarbeiten der Gebärden und Fotografieren des Erwachsenen bei der Ausführung der Gebärden sowie Fotografieren der dazugehörigen Materialien

Weitere therapeutische Inhalte:

- Zuordnen von Bild/Gebärde (LUG) und Material
- Üben der Inhalte und Abläufe mit der erwachsenen Person, bis diese möglichst selbstständig in der Lage ist, das zu Beginn festgelegte Ziel umzusetzen
- ggf. erneute Diagnostik bzw. Festlegung eines nächsten Ziels

4.3 Gebärden implementieren – aber wie?

In Orientierung an den Bedürfnissen der Einrichtung gibt es zahlreiche Möglichkeiten, Gebärden in eine Institution zu implementieren. Diese Möglichkeiten sollten differenziert abgesprochen und dann (langfristig) integriert werden. Exemplarisch seien hier einige Schritte angesprochen:

- Generelle Entscheidung für den Gebrauch von Gebärden in der Einrichtung treffen
- Konzepterstellung für den Bereich Gebärden und Verankerung in den UK-Leitlinien der Einrichtung
- Teams, Arbeitsgruppen, Projektarbeitskreise, Gremien, Fachkonferenzen (je nach Institution) bilden, Teilnahme an UK-Arbeitskreisen
- Entscheidung für eine bestimmte Gebärdensammlung treffen
- Zuständigkeit für die Auswahl, Festlegung und Dokumentation der Gebärden bestimmen
- Gebärdenfortbildungen
  - für wen? (für das Kollegium, die Eltern, für die Erzieherinnen/Erzieher, für I-Helferinnen/I-Helfer, mit den Therapeutinnen/Therapeuten vor Ort?)
  - und wann?
  - durch wen?
  - mit welcher Zielsetzung?
- Informationen zu Gebärdenmaterialien einholen: Welche Materialien gibt es? Welche sind für die Arbeit in der Institution geeignet? Wie werden diese Materialien allen Kollegen zur Verfügung gestellt?
- Entscheidung, ob technische Hilfen (z. B. das iPad) für die Gebärdenvideos eingesetzt werden sollen/können
- Gebärden in alltägliche Rituale der Einrichtung einbinden (z. B. Morgenkreis, Mahlzeiten ...), Gebärden des Monats/der Woche ...
- ...

Eine spezifische, professionelle Begleitung und Beratung des Teams/der Institution hat sich bewährt.

Gebärden lernen – aber wo? Wo finde ich Rat und Hilfe?

Gebärden lernen ist spannend – und macht viel Spaß ☺

Nach den o. g. Ausführungen sollte klar sein, dass Gebärden ausschließlich über Bildmaterial eher nicht zu erlernen sind. Am besten sind Gebärden in direktem Kontakt mit einer gebärdenkompetenten Person sowie über bewegte Bilder/Videos zu erlernen. Sie verdeutlichen zum einen die gesamte Ausführung der Gebärden, zum anderen kombinieren sie in der Bewegung alle wichtigen Angaben: Bewegungsrichtung, Stellung der Handflächen, Handform und Ausführungsstelle. Hilfreich ist auch, wenn die Videos wiederholend und in Slow-Motion-Funktion abgespielt werden können. Bildmaterial hilft, sich an bereits gelernte Gebärden zu erinnern.
Damit wird auch deutlich, dass man sich Gebärden – zumindest als Anfänger – nicht wirklich selbst beibringen kann. Man ist also auf Gebärdenkurse oder entsprechend individuell aufbereitetes Material angewiesen.

In Deutschland gibt es inzwischen einige Gebärdensprachkurse (DGS), die von gehörlosen, hörgeschädigten oder hörenden Personen geleitet werden. Grundsätzlich ist es wichtig zu wissen, welche Qualifikation der betreffende Dozent mitbringt und welches Gebärdensprachsystem genau unterrichtet wird (DGS, LBG, LUG, taktile Gebärden). Die Deutsche Gebärdensprache (DGS) ist eine eigenständige Sprache, die man wie jede andere (Fremd-)Sprache erlernen kann. Wie lange das Erlernen der DGS dauert, hängt von unterschiedlichen Faktoren ab: Wie oft und wie lange findet der Unterricht statt? Wie fleißig wird geübt und wie viel Talent liegt vor? Wie gut kann sich die lernende Person in die Ausdrucksweise mit ihrem eigenen Körper einfinden? Das Erlernen der DGS dauert demnach i. d. R. so lange, wie das Erlernen einer anderen Fremdsprache auch. Man sollte schon von mehreren Jahren ausgehen.

Das Erlernen von Gebärden, die parallel zur Lautsprache (LUG) genutzt werden, gelingt in der Regel schneller. Aber auch hier ist ein gewisser Zeitfaktor einzuplanen. Anlaufstellen können grundsätzlich Schulen, Universitäten, sprachtherapeutische/logopädische Praxen, UK-Beratungsstellen oder Verbände und Elternvereinigungen sein, die sich für den Bereich der hörgeschädigten/gehörlosen Menschen einsetzen. Zunehmend sind auch Schulen mit dem Förderschwerpunkt ‚Geistige Entwicklung' geeignete Ansprechpartner. In allen diesen

Institutionen können erste Fragen beantwortet oder Tipps gegeben werden, an wen Sie sich weiter wenden können.

Darüber hinaus bieten auch Volkshochschulen vereinzelt Kurse in der Deutschen Gebärdensprache (DGS) an.

Das Angebot und die Zielrichtung gestalten sich insgesamt sehr unterschiedlich. Einen passgenauen Kurs für die eigenen Bedürfnisse zu finden, ist daher nicht immer leicht.

Letztendlich ist es die Entscheidung eines jeden, welches Angebot zu den eigenen inhaltlichen, zeitlichen und finanziellen Rahmenbedingungen passt.

Ein Quiz*: Was ich schon immer über die Deutsche Gebärdensprache (DGS) wissen wollte

(in Orientierung an: Magst du mit mir spielen? Ein Frage- und Antwort-Kartenspiel ohne weitere Quellenangaben)

Frage 1: Was ist Gebärdensprache?

a. Sie ist eine Art Pantomime.
b. Sie ist eine Sprache, bei der in die Luft buchstabiert wird.
c. Sie ist eine eigenständige, natürlich gewachsene Sprache.
d. Sie ist eine Hilfssprache zur Kommunikation zwischen Gehörlosen.

Frage 2: Ist Gebärdensprache international?

a. Ja, sie ist vergleichbar mit der internationalen Lautsprache Esperanto, die sich die Verständigung aller Menschen in der Welt zum Ziel gesetzt hat.
b. Nein, jedes Land hat seine eigene Gebärdensprache.
c. Ja, weil man Vorstellungen und Bilder in der Luft darstellt.
d. Nein, es gibt auf jedem Kontinent eine eigene Gebärdensprache.

Frage 3: Wie viele gehörlose Menschen gibt es in der Bundesrepublik Deutschland?

a. ca. 5.000 Menschen
b. ca. 80.000 Menschen
c. ca. 300.000 Menschen
d. Mehr als 800.000 Menschen

Frage 4: Wodurch kann Gehörlosigkeit entstehen?

a. Gehörlosigkeit wird vererbt, d. h. von den Eltern an die Kinder weitergegeben.
b. Gehörlosigkeit wird durch schädigende Einflüsse während der Schwangerschaft erworben, z. B. durch eine Viruserkrankung (Röteln) der Mutter oder durch Alkohol-, Nikotin- und/oder Medikamentenmissbrauch.
c. Gehörlosigkeit entsteht nach der Geburt, z. B. durch Erkrankungen des Gehirns (Meningitis), durch Infektionen (Mumps, Masern) sowie durch chronische Mittelohrentzündungen.
d. Die Faktoren, die zum Entstehen von Gehörlosigkeit führen, können nicht immer herausgefunden werden.

---

* Bei den Lösungen können auch mehrere Antworten richtig sein.

Frage 5: Wie viele gehörlose Eltern haben gehörlose Kinder?

a. 10 % oder weniger
b. 25 %
c. 50 %
d. 75 %

Frage 6: Ist die Deutsche Gebärdensprache (DGS) eine einfach zu erlernende Sprache?

a. Ja, weil sie eine verkürzte Form der deutschen Lautsprache und damit schnell zu erlernen ist.
b. Ja, allein durch den Gesichtsausdruck kann man erkennen, welche Stimmungen und Inhalte vermittelt werden.
c. Ja, weil man einfach nur ein bisschen mehr Mimik einsetzen muss.
d. Nein, weil es eine Sprache mit eigenen (grammatischen) Regeln ist, die ganz anders aufgebaut ist als die deutsche Lautsprache. Im Gegensatz zur gesprochenen Sprache wird die Gebärdensprache im dreidimensionalen Raum dargestellt und Inhalte meist zeitgleich auf verschiedenen Ebenen entsprechend vermittelt.

Frage 7: Was meint man mit Gehörlosenkultur?

a. Das gibt es gar nicht.
b. Gehörlosenkultur umfasst z. B. die Gebärdensprache, Gebärdentheater/Gehörlosentheater, Gebärdensprachpoesie, Gebärdenchor und weitere Alltagsrituale, z. B. Gehörlosenwitze.
c. Gehörlose passen sich der Kultur der Hörenden an.

Frage 8: Was bedeutet dieses Zeichen?

a. Das Zeichen kommt aus der Musikszene (Heavy Metal- und Rock-Szene).
b. Das ist ein Shaka-Symbol aus Hawaii, u. a. zur Begrüßung, und wurde von den dortigen Surfern übernommen. Es steht für „Cool!“, „Locker!“, „In Ordnung!“
c. Die Geste gibt es in Deutschland gar nicht, sondern nur in Italien.
d. Die Buchstaben des Fingeralphabets I, L und Y werden zu einem Solidaritätszeichen zusammengefügt. Die Finger bilden damit jeweils die ersten Buchstaben des Satzes „I Love You“.

Frage 9: Dürfen gehörlose Menschen Motorrad oder Auto fahren?

a. Nein, sie sind eine Gefahr im Straßenverkehr, da sie die Sirenen des Rettungswagens oder der Polizei sowie das Hupen anderer Autos nicht hören können.
b. Ja, aber nicht alleine. Sie müssen immer einen hörenden Beifahrer haben, der ihnen im Straßenverkehr hilft.
c. Ja, denn der Straßenverkehr erfolgt überwiegend über die Augen, d. h. über das Sehen. Den fehlenden Gehörsinn gleichen gehörlose Menschen durch eine sehr schnelle und sehr gute visuelle Fähigkeit wieder aus.
d. Ja, aber sie dürfen sich dann während der Autofahrt nicht in Gebärdensprache unterhalten, weil die Hände immer am Steuer bleiben müssen.

Frage 10: Wie verhalte ich mich gegenüber gehörlosen Menschen?

a. Es ist wichtig, sehr laut zu sprechen, damit die gehörlose Person besser versteht.
b. Es ist hilfreich, sich während des Gespräches wegzudrehen und ständig das Thema zu wechseln.
c. Es ist wichtig, Blickkontakt herzustellen und zu halten sowie das Gesagte mit Mundbild und klarer/eindeutiger Gestik und Mimik zu unterstützen.
d. Es ist unbedingt notwendig, die Mundbewegungen übertrieben und überdeutlich zu gestalten, damit das Absehen leichter fällt.
e. Es ist wichtig, Blenden und Lichtirritationen zu vermeiden, z. B. einen Sitzplatz so zu wählen, dass die gehörlose Person mit dem Rücken zur Lichtquelle sitzt.

Frage 11: Wie kommunizieren gehörlose Menschen, wenn sie sich nicht persönlich treffen können?

a. Sie nutzen alle vorhandenen technischen Möglichkeiten, z. B. Schrift, Webcam ...
b. Sie kommunizieren dann nicht miteinander.
c. Sie telefonieren.

Frage 12: Schauen gehörlose Menschen eigentlich Fernsehen?

a. Nein, denn sie verstehen die sprechenden Personen ja nicht.
b. Nein, sie surfen lieber im Internet.
c. Ja, denn sie sind an allen Informationen interessiert. Voraussetzung aber ist, dass die Sendungen entweder untertitelt oder von einem Gebärdensprachdolmetscher übersetzt werden.

Lösungen:

Frage 1: c

Frage 2: b

Frage 3: b

Erläuterung: Aus medizinischer Perspektive wird Gehörlosigkeit über den Grad des Hörverlustes definiert. Danach ist gehörlos, wer im Bereich zwischen 125 und 250 Hz einen Hörverlust von 60 dB und in den übrigen Frequenzbereichen einen Hörverlust von mehr ca. 90 dB hat. Man unterscheidet darüber hinaus zusätzlich zwischen „Resthörigkeit“ und „an Taubheit grenzende (Innenohr-) Schwerhörigkeit“.

Aus Sicht der Gehörlosengemeinschaft, d. h. der Betroffenen selbst, wird Gehörlosigkeit nicht über fehlendes Hörvermögen definiert, sondern sprachlich und kulturell. Gehörlose sind demnach Hörgeschädigte, die überwiegend in der Gebärdensprache kommunizieren und sich der Gehörlosengemeinschaft und ihrer interessanten und reichen Kultur zugehörig fühlen.

Die Zahl der gehörlosen und schwerhörigen Menschen in Deutschland, die Gebärdensprache nutzen, wird mit 140.000 – 200.000 angegeben.

Frage 4: a, b, c, d

Frage 5: a

Erläuterung: Gehörlose Kinder von gehörlosen Eltern wachsen direkt in die Gehörlosengemeinschaft hinein und lernen von ihren Eltern deren Muttersprache (= die Deutsche Gebärdensprache [DGS]). Die Kinder können aber auch sprechen lernen. Dabei sind viele Faktoren ausschlaggebend.

Hörende Kinder von gehörlosen Eltern wachsen i. d. R. bilingual, also zweisprachig auf. Sie lernen die Gebärdensprache von ihren Eltern und die Lautsprache von hörenden Familienmitgliedern, im Kindergarten und in der Schule. Man nennt sie CODAs (= children of deaf adults).

Frage 6: d

Frage 7: b

Frage 8: d

Erläuterung: Das Solidaritätszeichen gilt unter Gehörlosen auf der ganzen Welt. Aber auch Hörende nutzen es, wenn sie ihre Solidarität mit der Gehörlosengemeinschaft ausdrücken wollen.

Frage 9: c

Frage 10: c, e

Frage 11: a

Frage 12: c

Erläuterung: Untertitelungen und Dolmetschereinsätze kommen im deutschen Fernsehen zwar zunehmend häufiger bei bestimmten Sendungen und/oder bei den Nachrichten vor, werden aber insgesamt immer noch (viel) zu wenig eingesetzt. Die Entwicklung vollzieht sich langsam und stellt noch lange keine Selbstverständlichkeit dar wie in einigen anderen Ländern. Es gilt das Thema „Barrierefreiheit“ in Deutschland auch an diesem Punkt weiter voranzutreiben!

Anhang

7.1 Materialien

Die Auflistung der Materialien und Internetadressen erhebt keinen Anspruch auf Vollständigkeit!

Bücher mit Liedern und Gebärdenbildern

- Götze, E., Leber, I. & Spiegelhalter, J. (2005): Jetzt geht´s richtig los! Ein Liederbuch für Jung und Alt mit Gebärden der Deutschen Gebärdensprache (DGS). Karlsruhe: von Loeper http://www.vonLoeper.de
- Götze, E., Leber, I. & Spiegelhalter, J. (2007): Bis Weihnachten ist´s nicht mehr weit! Ein Liederbuch für Jung und Alt mit Gebärden der Deutschen Gebärdensprache (DGS). Karlsruhe: von Loeper http://www.vonLoeper.de
- Leber, I. & Spiegelhalter, J. ([2]2005): Mit den Händen singen. Karlsruhe: von Loeper http://www.vonLoeper.de
- Michel, A. (2010): Hände auf Reisen (inkl. Audio-CD). Karlsruhe: von Loeper http://www.vonLoeper.de
- Michel, A. (2007): Häuptling sprechende Hand. Gebärdenlieder für die Wortschatzkiste mit Gebärden aus der Deutschen Gebärdensprache (DGS) (inkl. Audio-CD). Karlsruhe: von Loeper http://www.vonLoeper.de

Bücher mit Liedern, Fingerspielen u. a. sowie Gebärdenbildern aus dem Bereich Baby Signing/Babyzeichen

- Butz, B., Mohos, A.- K. & Kindel, U. M. (2012): Singen, spielen, erzählen mit Kindergebärden (+ CD-Rom). Band 1. Münster: Ökotopia http://www.oekotopia-verlag.de
- Butz, B. & Mohos, A.- K. (2014): Frühling, Sommer, Herbst & Winter mit Kindergebärden (+ Gebärden-Video-Clips auf CD). Band 2. Münster: Ökotopia http://www.oekotopia-verlag.de
- Gericke, W. (2014): babySignal. Mit den Händen sprechen. München: Kösel http://www.babysignal.de
- Grewing, S. (2008): Let´s talk Wonneproppen. Babygebärden erobern die Welt! Band 1 für Einsteiger. Hamburg: Verlag Birgit Jakobsen http://www. gebaerden.de
- König, V. ([5]2010): Kleines Wörterbuch der Babyzeichen. Schauenburg: Kestner http://www.kestner.de

- König, V. ([10]2015): Das große Buch der Babyzeichen. Schauenburg: Kestner http://www.kestner.de
- Malottke, K. & Malottke, A. ([3]2015): Zauberhafte Babyhände. Wie ganzheitliche Kommunikation mit Babyzeichensprache gelingt. Düsseldorf: Verlag Malottke http://www.gebaerdenwerkstatt.de
- Malottke, K. ([3]2015): Kindergebärden – Stundenbilder. Meine bunte Gebärdenwelt (Band 1 + Kurshandbuch). Düsseldorf: Verlag Malottke http://www.gebaerdenwerkstatt.de
- Malottke, K. (2015): Kindergebärden – Kurse erfolgreich leiten. Stundenbilder – Mit Gebärden wachsen (Band 2). Düsseldorf: Verlag Malottke http://www.gebaerdenwerkstatt.de

Materialien zum Thema Gebärden

- http://www.kestner.de (Internetseite des Verlags Karin Kestner)
- http://www.signum-verlag.de (Internetseite des Signum-Verlags)
- http://www.vonLoeper.de (Internetseite des von Loeper Literaturverlags)
- http://www.oekotopia-verlag.de (Internetseite des Verlags Ökotopia)
- http://www.ariadne.de (Internetseite des Verlags Ariadne)
- http://www.sofaschuelerfirma.npage.de (Internetseite der Schülerfirma S.O.F.A. der Bamberger Von-Lerchenfeld-Schule)
- http://www.zieglersche.de → Materialien zum Thema Fußball
- http://www.deafshop.de
- http://www.fingershop.ch
- http://www.forestbooks.com → Material in British Sign Language (BSL)

Internetportal für Gehörlose und Schwerhörige

- http://www.taubenschlag.de
- http://www.vibelle.de

Geschichten/Bücher erzählt in DGS

- http://www.youtube.com
  Suchbegriff: Kinderbücher in Gebärdensprache
- https://www.youtube.com/watch?v=YfWocU8jkes (Der Froschkönig)
- http://vimeo.com/32920291 (Rotkäppchen)
- http://signlibrary.equalizent.com
- http://www.kestner.de

DGS für Kinder

- http://www.deafkids.de (Internetseite mit Materialien von und für gehörlose Kinder)
- http://www.gebaerdengrips.de (Sachkunde, Mathematik lernen in DGS)
- http://www.dgs-kids.de (Bilderbücher werden in DGS erzählt)
- http://www.kinderbuecher.gmu.de (Bilderbücher werden in DGS erzählt)

Informationen über die Deutsche Gebärdensprache (DGS) im Internet

- http://www.sign-lang.uni-hamburg.de/ALex („Das Vokabelheft" – ein allgemeines, kostenloses Gebärdenwörterbuch)
- http://www.sign-lang.uni-hamburg.de/dgs-Korpus (Internetseite des DGS-Korpusprojekts)
- http://www.sign-lang.uni-hamburg.de
- http://www.signges.rwth-aachen.de
- http://www.gebaerdensprache.de
- http://www.gateway-online.de
- http://www.visuelles-denken.de
- http://www.spreadthesign.com

Zeitschriften

- Das Zeichen: Zeitschrift für Sprache und Kultur Gehörloser http://signum-verlag.de
- Life in Sight http://www.life-insight.de

Kultur der Gehörlosen

- http://www.taubwissen.de
- http://www.deafhistorynow.de
- http://www.kugg.de (Internetseite des Vereins für die Geschichte und Kultur Gehörloser)
- http://www.gehoerlosen-kulturtage.de (Internetseite der Kulturtage der Gehörlosen 2012)

Theater/Gebärdensprachpoesie

- http://www.gehoerlosentheater.de (Internetseite des Deutschen Gehörlosentheaters)
- http://www.purpurkultur.de/gehorlosentheater/

TV-Sendungen

- http://www.ard.de/home/ard/ARD_Startseite/21920/index.html
  Suchbegriff: Wissen macht ah! → Gebärden
- http://www.signtime.tv
- http://www.br.de/fernsehen/bayerisches-fernsehen/sendungen/sehen-statt-hoeren/index.html (Internetseite der Sendung „Sehen statt Hören“)
- http://www.phoenix.de
  → Tagesschau und Heute Journal mit Gebärdensprache (DGS)
- http://www.spectrum11.de
- http://www.vibelle.de (Internetseite des Online-Senders „Vibelle TV“)
- http://www.ndr.de/info/sendungen/mikado/
  → unter Suchbegriff Gebärdensprache: NDR-Kindernachrichten in der Deutschen Gebärdensprache (DGS) mit gebärdensprachlichen Kindern
- http://www.guckmich.tv

Informationen über andere Gebärdensprachen

- http://www.signbank.org/signpuddle
- http://www.signs2go.eu
- http://www.spreadthesign.com/ (EU-Projekt zur Sammlung von Gebärden für unterschiedliche Gebärdensprachen, u. a. DGS)
- http://www.rts.ch/emissions/signes/

Fachgebärden

- http://www.fachgebaerdenlexikon.de (Fachgebärdenlexikon der Berufsbildungswerke für Hörgeschädigte zu acht Berufsfeldern)
- http://www.vibelle.de

7.2 Literatur

Aktas, M. (Hrsg.) (2012): Entwicklungsorientierte Sprachdiagnostik und -förderung bei Kindern mit geistiger Behinderung. Theorie und Praxis.

Appelbaum, B. (2016a): „Und wie mache ich das mit Gebärden ...?" Möglichkeiten und Vorteile des Gebärdeneinsatzes auch in der Diagnostik. In: Unterstützte Kommunikation, 2/2016, 20–25

Appelbaum, B. (2016b): Kommunikationsförderung mit Gebärden in heterogenen Gruppen. In: Gemeinsam leben, 3/2016, 158–164

Appelbaum, B. (2015): „Guck doch mal, ich will dir was zeigen!?" Ein blindes Kind und seine Sprachentwicklung – Möglichkeiten und Grenzen im Umgang mit Gebärden. In: Antener, G., Blechschmidt, A. & Ling, K. (Hrsg.): UK wird erwachsen – Initiativen in der Unterstützten Kommunikation. Karlsruhe: von Loeper, 431–438

Appelbaum, B. (2014): „Ich lade dich zum Gebärden ein!" – Gebärden in der Sprachtherapie?! Und wie?! In: Logos interdisziplinär, 3/2014, 222–224

Appelbaum, B. (2013): „Mit den Händen reden" – Möglichkeiten in der Arbeit mit sinnesbeeinträchtigten Menschen. In: Hallbauer, A., Hallbauer, T. & Hüning-Meier, M. (Hrsg.): UK kreativ. Wege in der Unterstützten Kommunikation. Karlsruhe: von Loeper, 208–220

Appelbaum, B. (2011): Zeig´s mir mit Gebärden. Gebärden in der Kommunikationsförderung / Sprachtherapie. In: Bollmeyer, H., Engel, K., Hallbauer, A. & Hüning-Meier, M. (Hrsg.): UK inklusive. Teilhabe durch Unterstützte Kommunikation. Karlsruhe: von Loeper, 237–251

Appelbaum, B. (2010): Gebärden in der Sprachtherapie. Chancen für die Kommunikations- und Lautsprachentwicklung. In: Unterstützte Kommunikation, 15/2010, 34–41

Arbeitskreis „Kommunikation mit Hörsehbehinderten und Taubblinden Menschen" (Hrsg.) (2005): Taktiles Gebärden.
Onlinequelle: http://www.taubblindenwerk.de/aufsatz_taktiles_geb%8arden.html [Stand: 28.03.2012]

Becker, C. (2016): Die Bausteine der Gebärdensprachen. In: Domahs, U. & Primus, B. (Hrsg.): Handbuch Laut, Gebärde, Buchstabe. Berlin/Boston: de Gruyter, 203–221

Beukelmann, D. & Mirenda, P. (2005): Augmentative and Alternative Communication. Managing Severe Communication Disorders in Children and Adults. Brooks Publisher: Baltimore

Boenisch, J. (2014): Die Bedeutung von Kernvokabular für unterstützt kommunizierende Kinder und Jugendliche. In: Logos interdisziplinär, 3/2014, 164–178

Boenisch, J. (2009): Kinder ohne Lautsprache. Karlsruhe: von Loeper

Braun, U. (2012a): Was ist Unterstützte Kommunikation? In: isaac – Gesellschaft für Unterstützte Kommunikation e.V. (Hrsg.): Handbuch der Unterstützten Kommunikation. Grundwerk 5. erweiterte Aufl., Karlsruhe: von Loeper, 01.003.001–01.005.001

Braun, U. (2012b): Besonderheiten der Gesprächssituation. In: isaac – Gesellschaft für Unterstützte Kommunikation e.V. (Hrsg.): Handbuch der Unterstützten Kommunikation. Grundwerk 5. Aufl., Karlsruhe: von Loeper, 01.026.002–01.026.015

Castaneda, C. & Hallbauer, A. (2013): Einander verstehen lernen. Ein Praxisbuch für Menschen mit Autismus. Kiel: Holtenauer

Dies, A. (2012): Gebärden – Kommunikationsmittel für Menschen mit geistiger Behinderung. In: isaac – Gesellschaft für Unterstützte Kommunikation e.V. (Hrsg.): Handbuch der Unterstützten Kommunikation. Grundwerk 5. Aufl., Karlsruhe: von Loeper, 02.017.001–01.020.001

Eichmann, H. u. a. (Hrsg.) (2012): Handbuch der Deutschen Gebärdensprache. Sprachwissenschaftliche und anwendungsbezogene Perspektiven. Hamburg: Signum

Fuchs, A. & Miosga, C. (2014): Eltern-Kind-Interaktionen mit Bilderbüchern und/oder Tablet PC? In: Sallat, S., Spreer, M. & Glück, C.W. (Hrsg.): Sprache professionell fördern – kompetent, vernetzt, innovativ. Idstein: Schulz-Kirchner, 66–71

Giel, B. ([2]2015): Sprache- und Kommunikationsförderung bei Kindern mit Down-Syndrom. Idstein: Schulz-Kirchner

Giel, B. (2014): Interdisziplinäre Zusammenkünfte (IZ) – Grundlage einer teilhaberorientierten Unterstützten Kommunikation. In: isaac – Gesellschaft für Unterstützte Kommunikation (Hrsg.): Handbuch der Unterstützten Kommunikation. 11. Nachlief., 1. Aufl., Karlsruhe: von Loeper, 01.056.001–01. 062.001

Giel, B. (2013): Runde Tische im Konzept von Kita und Schule ziel- und lösungsorientiert moderieren. In: Hallbauer, A., Hallbauer, T. & Hüning-Meier, M. (Hrsg.): UK kreativ. Wege in der Unterstützten Kommunikation. Karlsruhe: von Loeper, 497–509

Grimm, H. ([2]2003): Störungen der Sprachentwicklung. Grundlagen – Ursachen – Diagnose – Intervention - Prävention. Göttingen: Hogrefe

Heim, M., Jonker, V. & Veen, M. (2006): Het COCP-programma (Communicatieve Ontwikkeling van niet-sprekende kinderen en hun Communicatiepartners). Handleiding en materiaal. Tweedw geheel herziene druk. Wijk aan Zee / Amsterdam: Heliomare revalidatie / Universiteit van Amsterdam

Heim, M., Jonker, V. & Veen, M. (2012): COCP.: Ein Interventionsprogramm für nicht sprechende Personen und ihre Kommunikationspartner. In: isaac – Gesellschaft für Unterstützte Kommunikation e.V. (Hrsg.): Handbuch der Unterstützten Kommunikation. 5. Nachlief., 1. Aufl., Karlsruhe: von Loeper, 01.026.007–01.026.015

Heim, M., Veen, M. & Velthausz, F. (2010): Het COCPPvg-programma (Communicatieve Ontwikkeling van niet-sprekende kinderen en hun Communicatiepartners in de zorg voor verstandelijk gehandicapten). Handleiding en materiaal. Met cd-rom. Amsterdam: COCP-publicaties

Hennies, J. (2013): Unterstützung des Schriftspracherwerbs von UK-Nutzern/innen durch Handzeichensysteme. In: ISAAC – Gesellschaft für Unterstützte Kommunikation e.V. (Hrsg.) (2013): Handbuch der Unterstützten Kommunikation. Karlsruhe: von Loeper, 02.036.001–02.042.001

Hennies, J. (2012): Schnittstellen zwischen gebärdensprachlicher Mehrsprachigkeit und Unterstützter Kommunikation (UK). In: Sprachentwicklung und Unterstützte Kommunikation. uk & forschung_2, 13–18

Hepp, P. & Hepp, M. (2009): Taktile Gebärdensprache. Onlinequelle: http://www.imhplus.de/index.php?option=com_content&view=article&id=350&Itemid=323&lang=de [Stand: 04.01.2015]

Hintermaier, M. (2011): Kommunikative Beziehungen sind nicht alles! – Aber ohne kommunikative Beziehungen ist alles nichts! In: Herrmann, B. (Hrsg.): Mein Kind. Ein Ratgeber für Eltern mit einem hörbehinderten Kind. Berlin: Deutscher Gehörlosen-Bund e.V., 50–56

Horsch, U. & Wanka, A. (Hrsg.) (2012): Das Usher-Syndrom – eine erworbene Hörsehbehinderung. Grundlagen – Ursachen – Hilfen. München: Reinhardt

Hüning-Meier, M. (2014): Methoden in der Unterstützten Kommunikation. In: isaac – Gesellschaft für Unterstützte Kommunikation e.V. (Hrsg.): Handbuch der Unterstützten Kommunikation. 11. Nachlieferung, 1. Aufl., Karlsruhe: von Loeper, 06.002.002–06.002.007

ISB: Staatsinstitut für Schulqualität und Bildungsforschung (ISB) in Zusammenarbeit mit dem Bayrischen Staatsministerium für Unterricht und Kultus (Hrsg.) (2009): Unterstützte Kommunikation (UK) im Unterricht und Schule. München: Hintermaier

Jakob, M. & Pittroff, H. (2009): Taktil gebärden. In: Unterstützte Kommunikation, 13, 17–21

Kaiser-Mantel, H. (2013): Unterstützte Kommunikation – Bausteine für die sprachtherapeutische Arbeit mit Kindern und Jugendlichen. In: Hallbauer, A., Hallbauer, T. & Hüning-Meier, M. (Hrsg.): UK kreativ! Wege in der Unterstützten Kommunikation. Karlsruhe: von Loeper, 194–207

Kaiser-Mantel, H. (2012): Unterstützte Kommunikation in der Sprachtherapie. München: Reinhardt

Kauschke, C. (2012): Kindlicher Spracherwerb im Deutschen. Verläufe, Forschungsmethoden, Erklärungsansätze (Germanistische Arbeitshefte, Band 45). Berlin: De Gruyter

Kiegelmann, M. (2009): Baby Signing. Eine Einschätzung aus entwicklungspsychologischer Perspektive. In: Das Zeichen, 82/2009, 262–272

Kristen, U. (2012): Das Kommunikationsprofil - Ein Beratungs- und Diagnosebogen. In: isaac – Gesellschaft für Unterstützte Kommunikation e.V. (Hrsg.): Handbuch der Unterstützten Kommunikation. Grundwerk 5. Aufl., Karlsruhe: von Loeper, 12.017.001.–12.036.001

Liehs, A. (2014): Unterstützte Kommunikation in der Sprachtherapie – (Sprach-)spezifische Diagnostik bei Kindern mit unzureichender Lautsprache. In: Sallat, S., Spreer, M. & Glück, C.W. (Hrsg.): Sprache professionell fördern – kompetent, vernetzt, innovativ. Idstein: Schulz-Kirchner, 283–289

Liehs, A. & Marks, D. (2014): Spezifische Sprachdiagnostik bei UK-NutzerInnen – Gewusst wie?! In: Logos interdisziplinär, 3/2014, 208–215

Lüke, C. (2015): Gestische Kommunikation als Vorläufer von Sprache. Frankfurt/M.: Peter Lang

Mayer, M. (2007): Lautsprachunterstützendes Gebärden. Karlsruhe: von Loeper

Müller, A. & Gülden, M. (2012): Der Spracherwerb im Kindesalter. Dortmund: Borgmann

Nonn, K. (2014): Gesucht wird eine Lokomotive, die den Spracherwerb zieht: Das sozialpragmatische Spracherwerbsmodell von Michael Tomasello als theoretisches Bezugssystem für Unterstützte Kommunikation. In: Sprachentwicklung und Unterstützte Kommunikation. uk & forschung_3/2014, 24–46 (Sonderheft in Unterstützte Kommunikation 1)

Nonn, K. (2011): Unterstützte Kommunikation in der Logopädie. Stuttgart: Thieme

Otto, K. & Wimmer, B ([3]2010): Unterstützte Kommunikation. Idstein: Schulz-Kirchner

Papaspyrou, C. u. a. (2008): Grammatik der Deutschen Gebärdensprache aus Sicht gehörloser Fachleute. Hamburg: Signum

Pivit, C. & Hüning-Meier, M. (2012): Wie lernt ein Kind unterstützt zu kommunizieren? – Allgemeine Prinzipien der Förderung und Prinzipien des Modelings. In: isaac – Gesellschaft für Unterstützte Kommunikation (Hrsg.): Handbuch der Unterstützten Kommunikation. Grundwerk 5. Aufl., Karlsruhe: von Loeper, 01.032.001–01.037.008

Sachse, S. (Hrsg.) (2015): Handbuch Spracherwerb und Sprachentwicklungsstörungen. Kleinkindphase. München: Elsevier

Sachse, S. (2013): Fokuswörter in der Praxis: Grundlagen. In: Unterstützte Kommunikation, 1/2013, 14–18

Sachse, S. (2010): Interventionsplanung in der Unterstützten Kommunikation. Karlsruhe: von Loeper

Sachse, S. & Boenisch, J. (2009): Kern- und Randvokabular in der Unterstützten Kommunikation: Grundlagen und Anwendung. In: isaac – Gesellschaft für Unterstützte Kommunikation (Hrsg.): Handbuch der Unterstützten Kommunikation. Karlsruhe: von Loeper, 01.026.030–01. 026. 041

Sachse, S. & Willke, M. (2013): Dialogische Bilderbuchbetrachtung als Form der Sprachförderung in der Unterstützten Kommunikation. In: Hallbauer, A., Hallbauer, T. & Hüning-Meier, M. (Hrsg.): UK kreativ. Wege in der Unterstützten Kommunikation. Karlsruhe: von Loeper, 181–193

Sachse, S. & Willke, M. (2011): Fokuswörter in der Unterstützten Kommunikation. Ein Konzept zum sukzessiven Wortschatzaufbau. In: Bollmeyer, H., Engel, K., Hallbauer, A. & Hüning-Meier, M. (Hrsg.): UK inklusive. Teilhabe durch Unterstützte Kommunikation. Karlsruhe: von Loeper, 375–394

Schatton, D. (2013): Der Einsatz musikalisch-rhythmischer Elemente in der Therapie von Kindern mit Cochlea Implantat. In: Sprachförderung und Sprachtherapie, 1/2012, 14–22

Schneider, C. & Schuler, A. (2002): Kommunikation mit taubblinden Menschen: Die Methoden der Taubblindenpädagogik als Unterstützung bei sprachbehinderten Menschen (Aspekte). Luzern: Ed. SZH/CSPS

Siegmüller, J. (2008): Spezifische Möglichkeiten und Grenzen in der Sprachdiagnostik bei Kindern mit Mehrfachbehinderungen. In: Giel, B. & Maihack, V. (Hrsg.): Sprachtherapie und Mehrfachbehinderung. Tagungsband zum 9. Wissenschaftlichen Symposium des dbs e.V. in Karlsruhe. Köln: Prolog, 123–146

Siegmüller, J. & Kauschke, C. (2006): Pathologische Therapie bei Sprachentwicklungsstörungen. München: Elsevier

Szagun, G. (2012): Wege zur Sprache. Ein Ratgeber zum Spracherwerb bei Kindern mit Cochlea-Implantat. Berlin: Pabst Science Publishers

Tebbe, M. (2009): Musik und Unterstützte Kommunikation. In: Bollmeyer, H., Engel, K., Hallbauer, A. & Meyer-Hüning, M. (Hrsg.): UK inklusive. Teilhabe durch Unterstützte Kommunikation. Karlsruhe: von Loeper, 77–86

Tetzchner, St. von (2006): Unterstützte Kommunikation in Europa: Forschung und Praxis. In: isaac – Gesellschaft für Unterstützte Kommunikation e.V. (Hrsg.): Handbuch der Unterstützten Kommunikation. Karlsruhe: von Loeper, 15.002.019–15.002.035

Tomasello, M. ([2]2012): Warum wir kooperieren (Übersetzung: Zeidler, H.). Berlin: Suhrkamp

Tomasello, M. ([3]2011): Die Ursprünge der menschlichen Kommunikation (Übersetzung: Schröder, J.). Frankfurt/M.: Suhrkamp

Vogt, S. (2007): Zur Rolle von Gesten im Spracherwerb. In: Tesak, J. (Hrsg.): An den Grenzen der Logopädie. Idstein: Schulz-Kirchner, 11–21

Weid-Goldschmidt, B. (2013): Zielgruppen Unterstützter Kommunikation. Fähigkeiten einschätzen – Unterstützung gestalten. Karlsruhe: von Loeper

Wiese, J. & Rascher-Wolfring, M. (2012): Taktiles Gebärden. In: ISAAC – Gesellschaft für Unterstützte Kommunikation e.V. (Hrsg.) ([5]2012): Handbuch der Unterstützten Kommunikation. Karlsruhe: von Loeper, 02.030.001–02.035.001

Wilken, E. ([11]2010): Sprachförderung bei Kindern mit Down-Syndrom. Stuttgart: Kohlhammer

Wolf, F. (2015): Gebärden als eine Möglichkeit zur Unterstützung der Kommunikation in inklusiven Kinderkrippen. In: KiTaFachrexte, 1–23.
Onlinequelle: www.kita-fachtexte.de/ unter
http://www.kita-fachtexte.de/texte-finden/detail/data/gebaerden-als-eine-moeglichkeit-zur-unterstuetzung-der-kommunikation-in-inklusiven-kinderkrippen/ [Stand: 28.12.2015]

World Health Organisation (WHO) (2007): International Classification of Functioning, Disability and Health - Children and Youth Version, ICF-CY. Geneva: Author

Onlinequelle: Lautgesten
https://de.wikipedia.org/wiki/Lautgesten [Stand: 03.01.2016]

Onlinequelle: Lormen
http://www.taubblindenwerk.de [Stand: 04.01.2016]